国家社科基金艺术学重大项目“中华传统造物艺术体系与设计文献研究”子课题
“泰山学者”艺术学科研究项目

中国民艺馆 神像供具

潘鲁生 主编

山东教育出版社
Shandong Education Press
·济南·

图书在版编目（CIP）数据

神像供具 / 潘鲁生主编 . — 济南 : 山东教育出版社，2023.1
（中国民艺馆）
ISBN 978-7-5701-2421-3

Ⅰ . ①神… Ⅱ . ①潘… Ⅲ . ①神—信仰—民间文化—介绍—中国 Ⅳ . ① B933

中国版本图书馆 CIP 数据核字（2022）第 241543 号

本书图说中所用图片均为中国民艺博物馆实物拍摄。

主　　编 潘鲁生
执行主编 赵　屹
副 主 编 张传寿　袁　硕　潘镜如

本卷审读 韩　明
本卷摄影 李　炎　陈义磊　宋清华　张　格
本卷专论 韩　明
本卷图说 李静宜
本卷附录 李静宜

策　　划 刘东杰
责任编辑 何欣竹
责任校对 刘　园
整体设计 袁　硕　高树源

ZHONGGUO MINYIGUAN
SHENXIANG GONGJU
中国民艺馆 神像供具

主管单位：山东出版传媒股份有限公司
出版发行：山东教育出版社
地　　址：济南市市中区二环南路 2066 号 4 区 1 号　邮编：250003
电　　话：0531-82092660　网址：www.sjs.com.cn
印　　刷：北京雅昌艺术印刷有限公司
开　　本：650 mm × 965 mm 1/8
印　　张：38.75
字　　数：183 千
版　　次：2023 年 1 月第 1 版
印　　次：2023 年 1 月第 1 次印刷
定　　价：498.00 元
（如印装质量有问题，请与印刷厂联系调换）
电　　话：010-80451092

目 录

序

中国民艺博物馆场景

中国民艺博物馆场景

美在生活

潘鲁生

编纂出版一套《中国民艺馆》丛书，把我几十年来的民艺收藏以图书的形式呈现出来，是对自己民艺研究的一次学术梳理，也是以藏品图集的形式拓展关于民艺的交流空间，记录和呈现一种曾经热闹鲜活如今难免渐行渐远的民间生活，犹如神遇，也是一种缘分。这套大型丛书相较于民艺馆的实物展陈更为系统深入，能更充分地交代一件民艺藏品的所属品类、工艺谱系、历史过往和研究经历，展现实物背后的历史文脉以及隐含其中的无形氛围、生活感受和人生际遇。这套大型丛书以民艺藏品为起点，回溯关于生活日用、装饰审美、风俗习惯和工艺匠作等更广泛深沉的存在，更细致地体会民艺用与美、物与道的关系，并最终回归民艺的生活本身。

生活有大美，民艺是生活的艺术。婴儿呱呱坠地时母亲缝制的虎头鞋、满月时亲友邻里赠予的“百家衣”、年节时窗棂上红火灵透的窗花、出嫁成家时的“十里红妆”，直到故去时尘土火光中纸马跃动化作薄烬轻烟……传统岁月里的一生，是民艺点染串联的记忆、情谊和历史。人生一世，从一无所有走向一无所有，唯有这些温暖的牵挂、生活的浪漫和美好的期待，让人生不荒芜不寂寥，在岁月轮转和生活变迁中给人带来慰藉。从古至今，我们的民族并没有向彼岸世界寻求寄托，而是在现实生活里创造了丰富的吉祥文化以维系情感、寄托希望。人生实苦，生命无常，中华民族世代勤劳，充满生活的热情，在民艺的创造里存续生活的艺术。

我十分庆幸在世间千万行当里能与民艺结缘，这是一块坚实的土地，使我更深刻地感知过往、理解艺术、认识生活。在流水般的日子里，民艺承续着人之常情，即使看起来简单朴素的用具，其中也有岁月的磨砺、艰辛的劳动以及在单调反复中积淀的成熟，众生云集于这个世界。民艺让人感到充实、活得踏实，没有荒废世间际遇所给予的一切。

王朝闻总主编、潘鲁生主编《中国民间美术全集·祭祀编·神像卷》《中国民间美术全集·祭祀编·供品卷》

1983 年，潘鲁生在陕西临潼征集民艺藏品

1984 年，潘鲁生考察山东潍坊风筝制作工艺

1989 年，潘鲁生考察山东曹县桃源集送火神“花供”习俗

1992 年，潘鲁生与日本道具学会专家共同开展田野调查

一、我与民艺有缘

我出生在鲁西南，家乡曹县是座老城，位于黄河故道旁，历史可追溯至夏商，皇天后土，文脉汤汤，有淳厚的民风习俗和丰富多彩的民间文化。我家住在老县城大圩首北街，南街有戏园子，后街是古楼街，街上有不少作坊店铺，每逢集市，扎灯笼、编柳筐、捏面人，好不热闹。家乡受鲁文化影响，尊礼重教，民俗活动非常讲究，大家好热闹，爱排场，但不讲究吃穿，更多的是精神追求。比如人们心里有了念想，精神有了起伏，嗓子就痒，便把唱戏作为抒发情感的一种方式。老家是有名的“戏窝子”，老百姓结婚时唱戏，生孩子时唱戏，老人祝寿时唱戏，祭奠先人时唱戏，喜庆节日请民间的戏班唱戏也很普遍，流行的顺口溜“大嫂在家蒸干粮，锣鼓一响着了忙，灶膛忘了添柴火，饼子贴在门框上”，十分生动形象。我在这样的环境里长大，听戏听得入了迷，深深地沉醉于家乡的文化。一些戏曲题材的剪纸、刺绣、年画、彩灯也是一个装有民间戏文的筐，样样齐全。我奶奶虽不识字，但教我背下《三字经》，她那个夹着鞋样的“福本子”，放的是全家的鞋样子，有花花草草的剪花样、戏文人物、吉祥图案，是百看不厌的图样全书。曹州一带“福本子”的歌谣唱道：“娘家的本（本子），婆家的壳（封面），生的孩子一小窝。娘家的瓤（内容），婆家的壳（外皮），打的粮食没处着。”当年听着有趣，岁月愈长愈感受到其中关于生活的韧性和希望。儿时的记忆里，最难忘的还有家乡的玩具“小孩模”，就是孩子们用胶泥翻模做出各种形象。家乡的河多、坑多、水面多，小孩子玩耍时取水用泥非常方便，小孩模里有神话传说、历史故事、戏曲形象、曲艺杂技、花草植物、飞禽走兽、吉祥图案，还有汉字等，内容十分丰富。比如“武松打虎”的小孩模图画，艺人大胆地将武松形象与虎之身躯合为一体，形与神、力与体高度融合概括，英雄气概表现得淋漓尽致。其中民间语言、艺术张力，以及关于正直、守信、责任的朴素道理，对成长中的孩子来说有莫大影响。它不仅是民间口头文学的插图绘本，也不仅是过去儿童识图、识数、辨色、会意的教材，更是一种民间文化启蒙与传承的精神纽带，人们从中能体会到情感、情义和生活的滋味。我常想，这样的童年生活是丰厚的，故事鲜活，曲韵悠悠，是一种绵长的力量，时时滋养着心灵。

1997 年，潘鲁生与台湾《汉声》杂志社吴美云一行共同开展蓝印花布调研

1997 年，潘鲁生考察山东菏泽民间吹糖人工艺

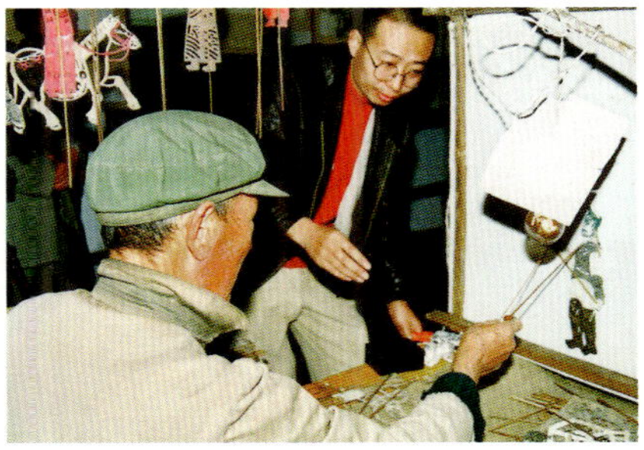

1998 年，潘鲁生在山东沂南考察皮影艺术

1998 年，潘鲁生考察杨家埠年画印制工艺

民艺是一个丰富的生活世界，长于其中更能体会人之常情，在以后的岁月里也更容易触物生情，人生从此烙下了乡土、乡亲、乡情的底色，永远有一种乡愁记忆。

20 世纪 70 年代末，我在县城工艺公司当学徒，做过羽毛画、玻璃画，画过屏风、册页。1979 年谷雨时节，我在菏泽工艺美术培训班有幸跟随俞致贞、康师尧等先生学习传统绘画，这也是我从艺求学的一个起点。传统图案的构成法则和装饰趣味与家乡的风土人情水乳交融，这一切令我痴迷。记得鲁迅先生说，老百姓看年画是"先知道故事，后看画"，熟知了神话、传说、戏曲、民歌后才以年画、剪纸等视觉形象装点生活。我在鲁西南的乡土长大，少年时有机会学习家乡的手艺，也在生活体验中耳濡目染地学了不少东西。

此后十余年，我踏上了从艺求学之路，从考取山东省工艺美术学校，到赴中国艺术研究院、南京艺术学院求学深造，我在民艺研究上找到了自己的专业追求。其间，我跟随王朝闻、邓福星等先生做资料员，师从张道一先生学习民艺理论，跟随张仃、孙长林等先生体会艺术的传承出新之道。受到美术史论和学科视野的影响，我将民艺作为我们民族文化史、生活史的一部分，作为我们民族文化艺术中带有原发性和基础性的组成部分，加以认识和研究，希望进一步建立起合乎客观实际的研究架构，疏浚源流，厘清脉络，从人民群众自发的艺术创造中找出艺术上的规律，同时进一步探究民艺与民俗以及诸多姊妹艺术的关系。在这个过程里，我养成了行走田野调研的治学和生活方式，也不断在创作中自觉取法，渴望从民间艺术里学习借鉴、汲取营养，可以说是黾勉而行，乐在其中，受益良多。

潘鲁生著《民艺学论纲》（上图）

潘鲁生主编《中国民艺采风录》（下图）

在中国艺术研究院学习期间，王朝闻先生的美学观和美术史观启发我从更开阔的文化和美术源流看待民艺，帮助我形成了系统的研究思维和视野，也更加坚定了我民艺研究的志向。其时，王朝闻先生不仅在他主编的《中国美术史》中将民间美术收录为专题，作为研究对象，而且从美学意义上强调民间艺术是民间文化形态和民众生活审美心理不断积淀并相互渗透的产物，与西方艺术相比有自身的形式规律和生活基础，在研究的方法论上也应多维贯通。此后，我有幸参与了王朝闻先生主持的整理分类等学术活动，进一步深化了对中国民间美术的发生发展脉络、基本面貌、美学精神和文化特征的

2001年，潘鲁生考察山东沂源农家针线活儿

2002年，潘鲁生考察山东菏泽农村民间生活方式

2006年，潘鲁生考察位于大阪的日本民艺馆

2006年，潘鲁生考察新疆民间手工艺

研究与探索。回想起来，我很感念这段求学和工作的经历。当时正逢“美术新潮”兴起，一些迷茫者失去了文化自信，也有不少人放弃事业下海经商。王朝闻先生一直鼓励我坚守，他在1988年给我的题词中写道：“任何事物都有两面性，不能因为实际生活中存在两面派而否定这合理的两面性。企图把铁棒磨成绣花针的行为，岂不也有值得肯定和否定的两面？艰苦奋斗的精神体现于磨针的傻劲，这样的傻劲值得肯定。热爱民间美术的潘鲁生君探求它的艺术规律和我不惜啃桌子消耗生命的傻行同调。他的来日方长，对民间美术的痴情定能得到更可喜的报答。”作为一个蹲守乡村田野的民艺研究者，我是幸运的，没有动摇过求艺的初衷，没有放弃对民艺的追求，一路走来十分充实。对我来说，民艺是物，也是事，是文化的生态和生活的网络。先生们的鼓励赋予我坚定的动力，此后，我行走田野，不间断地调研，记录和整理了百余项濒临灭绝的民间手工技艺，也提出了民间文化生态保护计划，希望尽可能地留存民艺，续传文化的薪火。

记得在南京艺术学院攻读博士学位时，导师张道一先生以“中国民艺学论纲”作为我的学位论文选题，希望把民间文艺的经验转化为学理，梳理出民间文艺的知识谱系，建构中国的民艺学科。张道一先生教导我们要建立学科意识，也一点一滴地传授给我们治学的理念和方法。他回忆陈之佛先生的嘱咐——“搞史论不要离开实践，一旦与实践脱离，许多问题不但看不出，也吃不透”，还有钟敬文先生的叮嘱——“要把民艺‘吃透’，不能停留在表面的艺术处理”。他说：“民间艺术是通俗的，语言质朴，平中出奇而清新刚健，绝无矫揉造作，形式上的刀斧痕却显出大巧若拙的特色。但是并非所有的通俗艺术都是民间艺术，也不是所有的民间艺术都属上乘。研究须要识别，有识别才能上升，如果真伪不辨，良莠不分，是很难进入更高的境界的。”至今我常常重读张道一先生对我博士学位论文所写的寄语：“任何学问都有开头，任何研究都是从分别到整合。民间艺术的研究从近处说已经过了几代人，鲁生君可说是后来者；不同的是他对民间艺术做了全方位的观照和综合的论述，在民艺学的建设上做出了自己应有的贡献。真正的奉献者是不计较

2009 年，潘鲁生考察澳门博物馆传统工艺展览

2014 年，潘鲁生与英国人类学家雷顿一起调研日照农民画

2015 年，潘鲁生考察云南大理挖色镇白族大成村民俗活动

2017 年，潘鲁生考察广东潮州民间节庆活动

2018 年，潘鲁生考察内蒙古和林格尔县舍必崖乡民间剪纸

社会的酬劳和名次的。我希望他继续躬行于兹，成为在这块园地上耕耘的坚强者；既要坚强地做下去，又要坚强地站起来。虽然在当前的世风面前它显得有些软弱，甚至被冷落，但我坚信，这是中华民族文化发展的需要，也将是民族的光荣。”这几十年，研究中国的民艺学和手艺学，成为我的学术目标和使命。调研工作是艰苦的，探究事理更需有严格的科学态度，既要把根扎在田野，还要由表及里、综合分析，把规律事理学深悟透。如张道一先生所言，“既然社会关系像一个蛛网，互相牵动着，民间艺术处在社会的底层，也必然有它的复杂性，有些问题仅仅用艺术的某些观点是难以解决的”。研究民艺需要更开阔的视野、更全面的思考和探索，对我来说，它已不只是志趣，更是一种人生的使命。

在山东工艺美术学院教学的三十多年，我一直不离“民艺”这个主题。一方面，民艺是中华民族的母体艺术，不仅是艺术之源，也是艺术之流，是我们民族民间文化的种子库。我们的艺术教育特别是工艺美术教育离不开这个“基础”和“矿藏”。另一方面，民艺是中华民族的创造，是为包括衣食住行、生产劳动、人生礼仪、节日风俗、信仰禁忌和艺术生活在内的自身社会生活需要而创造的，绝大多数同实际应用相结合，工艺在其中占有相当比重，工艺美术教育要守住这支造物文脉。其间，在诸位先生的关心和指导下，我们在工艺美术学院的教学和科研中突出民艺特色，较早将民艺教学引入了大学课堂。今天，在反思艺术教育普遍存在的问题时，我认为非常重要的一点仍在于文化自信和文化传承。艺术的内涵和形态有民族文化作为基础，应该表征我们民族文化群体的感情气质和民族精神，反映我们民族本元文化的哲学精神，具有自身的造型体系和色彩体系。不知己焉知彼，不了解历史传统也难以把握当下和未来。我们的高等艺术教育不能完全仿效西方，民间艺术贯通于数千年的历史长河，体现民族文化传统的延续性，在某种程度上成为文化传统的“活化石”，成为艺术教育体系的有机组成部分。

我与民艺有缘，从求学到教学，从书斋到田野，希望自己下得苦功夫，做些深入的研究和探索。

潘鲁生主编《民间文化生态调查》

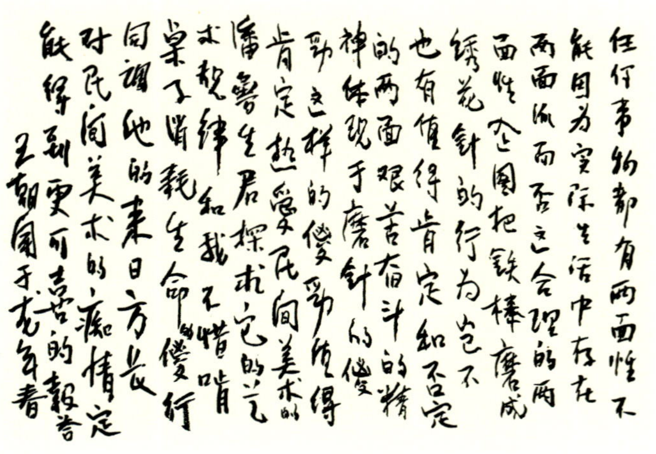

著名美学家王朝闻为潘鲁生题词

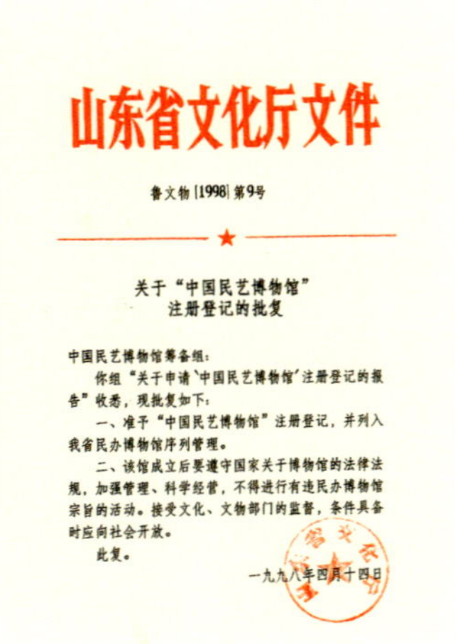

山东省文化厅文件

鲁文物[1998]第9号

关于“中国民艺博物馆”
注册登记的批复

中国民艺博物馆筹备组：

你组“关于申请‘中国民艺博物馆’注册登记的报告”收悉，现批复如下：

一、准予“中国民艺博物馆”注册登记，并列入我省民办博物馆序列管理。

二、该馆成立后要遵守国家关于博物馆的法律法规，加强管理、科学经营，不得进行有违民办博物馆宗旨的活动。接受文化、文物部门的监督，条件具备时应向社会开放。

此复。

一九九八年四月十四日

1998 年，“中国民艺博物馆”由山东省文化厅批复成立

二、创建民艺馆是我的梦想

从 20 世纪 80 年代初开始行走田野、采风调研至今，转眼已三十多年过去了，在社会发展和文化转型的大背景下，我目睹了传统村落的变迁，也结识了不少民间艺人。在乡间，在街巷，在作坊，与年迈的老艺人聊聊手艺活儿，听听民间艺人拉呱的乡音，已成为我生活的一部分。在热闹的年集上，在农家的婚丧大礼上，尤其能感受到民间艺术的厚重鲜活，也常常在人走歌息、人亡艺绝的现实里感到无奈和哀伤。所以，收藏民艺不只是搜集民艺研究的第一手资料，也是守护一种生活图景、生活方式和生活记忆。那些年画花纸、门神纸马、剪纸皮影、陶瓷器皿、雕刻彩塑、印染织绣、编织扎作、儿童玩具等，不只是物件本身，更是交相辉映的生活乐章，陈设点染间，留下的是昔日生活的气息。那由八仙桌、条儿、座屏、座钟、中堂画、对联、花瓶、靠背椅等组成的堂屋，端正有序，民艺民具组合而成的是传统的时空格局、礼仪秩序和生活氛围。还有北方炕头上木版刷印的年画，纸糊窗格上的剪纸窗花，妇女的挑花刺绣，孩子们的虎头鞋、长命锁、新肚兜等，演绎着乡土生活。生活是民艺生成的土壤，也是我们认识和思考民艺价值的出发点。民艺里有民族的生活史，不像史书典籍那样有宏大的主题，不以精英经典为代表，汇集的是寻常日子里的生活源流。婚丧嫁娶、针头线脑、锅碗瓢盆、悲喜交加，是芸芸众生的生活本身，循着这些老物件儿能够看到过去岁月里百姓的心灵与生活。

中央工艺美术学院院长张仃为“中国民艺博物馆”题写馆名

在社会和文化转型的背景下，收藏民艺也是给千千万万寂寂无闻的民间艺人留下文化的档案。这三十多年来，我收藏了不少民间服饰，有嫁衣盛装，也有平常日子里的服饰，它们的款式、用料、拼布、挑花、绣花、镶边、扣襻等，多种多样，有着独特的地方风情和艺术个性。还有那些木桶、竹篮、木刨、风箱，往往是陈旧的甚至粗糙的，但里面蕴含着劳动人民的巧思和意匠之美。张道一先生在为《民艺学论纲》题写的序言中曾感慨，有些农村妇女的“女红”相当出色，可是她们并不认为这就是艺术，因为在她们手中的

中国民艺博物馆场景

中国民艺博物馆场景

2000年元旦，千禧年第一天，中国民艺博物馆（青岛馆）开馆仪式在全国青少年青岛活动营地举行

“针线活”就是她们生活的一部分。在她们看来，为孩子做鞋做帽，缝纫刺绣，为装点生活环境，剪纸贴花，为老人长寿祝福，蒸作面塑，都是理所当然的事。“这种自发、自作、自给、自用、自娱的艺术创造，最能说明艺术与人生的关系。”当这些自然而然的传承与创造逐渐从日常生活中退出，人们也许热衷于从所谓“国际时尚”中建立一种生活定位。民艺收藏既是无奈之举，也是为昔日生活艺术的创造者立档存志，是集体的、无名的，却是真实存在的，不应被新的潮流湮没，要留下它的脉络和踪迹。

带着田野采风调研的收获，我终于在20世纪90年代建起了民艺博物馆，将行走田野收藏的民间生活器用和工艺品向公众展示，有农耕时代不同地域的生产用具、交通工具、服装饰品、起居陈设、饮食厨炊以及游艺娱玩器用等几十个品类的老物件儿，存录了中国传统民间的生活方式和文化档案。1998年，中国民艺博物馆正式注册，成为山东省首家注册的公益性博物馆。张仃先生为民艺馆题写了馆名。我相信，这些老物件儿、老手艺不只是沉睡封存的档案，而是有生命、有生活的民间智慧，这些文化种子是民间文化的宝物，必将繁衍出新的文化生命，活在老百姓的生活之中。

向公众展示一个大美的民艺世界是我一直以来的愿望，走进博物馆并不是民艺的最终归宿。这些民间的日用之美不应被机械工业、市场商品等怒潮消解和吞噬，不应仅带着斑驳的时间旧痕陈列在博物馆的玻璃箱里。民艺馆建设只是一个起点，还要通过中国传统民艺的实物文献收集和生活还原展示，进一步展开更深入的宣传、教育和研究。因此中国民艺博物馆也是一个面向社会的大课堂和研究基地，建馆以来不仅接待了国内外专家学者、青少年学生及社会各界人士数十万人次，也成为传统工艺传承、弘扬、创新与衍生的平台。我们组建了学术团队开展中国民艺学理论研究和田野调研，在20世纪90年代初就提出了“民间文化生态保护”理念，组织实施了“民间文化生态保护计划”，21世纪以来开展了历时十年的“手艺农村调研”，并在近

1998年，“中国民艺博物馆藏品展”在山东工艺美术学院收藏展览中心开展

2003年，俄罗斯科学院高尔基世界文学研究所首席研究员、著名汉学家李福清在中国民艺博物馆考察民间年画

2004年，著名艺术家韩美林参观中国民艺博物馆

2005年，中国民俗学会会长、中国社会科学院学部委员刘魁立参观中国民艺博物馆

年实施的国家社科基金艺术学重大课题研究中提出了城镇化进程中传统工艺的发展策略，其间会同国际文化人类学家开展民艺田野调研，进行了深入研究和交流。

应该说，民艺博物馆是一种生活历史的记录，也是生活的诉说。回望昔日的生活图景，在百姓日用中保留属于我们这个民族的匠心文脉、生活记忆，建构我们民族的生活美学。

三、民艺的生活美学

民艺是生活的艺术、生活的美学，民艺造物是对生活之美的创造。民间的面花、剪纸、服饰、刺绣、染织、年画、皮影、面具、木偶、风筝、纸扎与灯艺、社戏脸谱、陶瓷、雕刻和民居建筑、车船装饰和生活用具等，融于衣食住行，关联社会民俗，是对于美的集体记忆和创造，是民间生活的诗情画意。回想昔日农村染块布做身衣服的讲究，纺线织布绣花缝补的精巧，还有民艺维系的民间礼仪，都是生活的审美、生活的品位。民艺不仅以有形的、自在的、奔放炽烈的语言体现在生活中，也以平常之美体现生活的意义和价值。

民艺的工具和材料往往随手可得，就地取材，工艺和形态远离浮华、奢侈，具有朴实、自然的特点。民艺发掘了日常生活中自然、事理与物候节律以及材质的意义和价值，比如使自然里荣枯有时的竹、柳、藤、草成为筐、篮、篓、笠、席、盘、垫，有了生活的韵味和价值；比如使一方轻薄的纸张裁剪之后幻化出现实生活、戏曲传奇、神话故事等无所不包的大千世界，其中有爱憎，有美丑，有百姓倾心歌颂的高尚和美好。短暂的自然生命因此变得隽永，平凡的物件因此有了情感和生命。塑造生活的平凡之美和永恒的价值，正是民艺生活美学的真谛。

2008 年，济南市青少年活动中心组织小学生参观中国民艺博物馆

2009 年，国际奥委会主席雅克·罗格参观中国民艺博物馆

2009 年，著名美术学家邓福星一行参观中国民艺博物馆

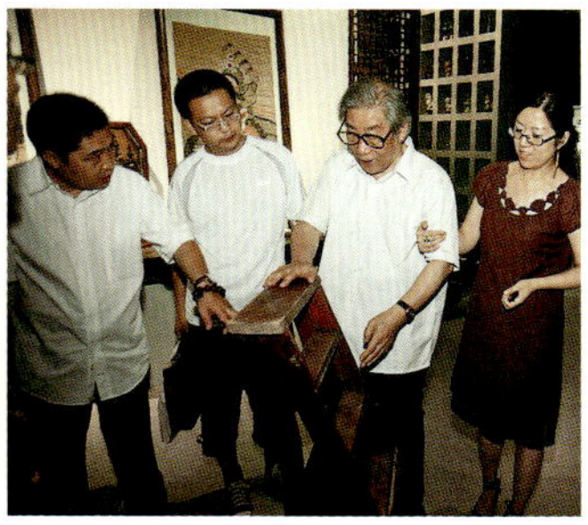

2009 年，国务院学位委员会艺术学学科评议组召集人、著名民艺学家张道一参观指导中国民艺博物馆

民艺体现了一种美学观，其中包含一个丰沛的精神世界。民艺在生活日用、装饰陈设、传统节日、人生礼仪、游艺娱乐以及生产劳动中，寄予了朴素的劳动感情、乐观的生活态度和美好的理想追求，充满了除恶扬善、辟邪扶正、和合圆满、吉祥如意的主旋律，反映出百姓对生活的热爱、对乡土的真情、对幸福的祈望，形成了我们民族乐观向上的精神风貌和民族气质。福禄寿喜的吉祥图案、避鬼驱邪的门神年画充满了人们对生活的期待与寄托，是真挚的，也是朴素、充满韧性的，更是无常甚至苦难也浇不灭的昂扬精神。张道一先生曾感慨，当他深入民间与那些农村妇女交谈时，不仅感到她们情真、开朗、大方，也会被她们的“女红”所感染，从中领悟到艺术的真实和人生的意义，“在民间艺术中蕴含着一种人间的真美，那是在美学书中找不到的”。

文化发展靠积累，民艺是我们文化创造的重要基础。张道一先生将民艺视作本元文化。一方面，从历史发展的序列进程看，在社会分工逐渐细致之前，在相当长的历史时期里文化具有一元性，民艺融物质文化与精神文化、实用与审美于一体，物质文化与精神文化兼容，物质文明与精神文明同构，是一种本元文化，而且在文化从一元走向多元、物质文化与精神文化分化之后，仍然保持了装饰、实用及风俗应用的有机统一和融会贯通，其本元文化性质没有解体，且不断适应并潜移默化地作用于人们的生活。另一方面，其本元文化的原发性内涵，也在于具有“艺术矿藏”等基础性和母体性，不仅在创作机制上丰富、自在，具有原发性、业余性和自娱性，是一种淳风之美的流露，体现了人与艺术的本质关系，而且是一个民族、一方人群人生经验和生活文化的积累，具有传承性、集体性、民族性和区域性，反映了漫长历史进程中民族文化艺术的创造，体现其精神面貌和心理状态，是文明赖以延续和升华的基础。

潘鲁生、赵屹等著《手艺农村》（上图）

潘鲁生主编《中国手艺传承人丛书》（下图）

在社会文化转型的背景下，生活从传统走向现代，我们的生活方式发生了不小的变化，安土重迁的观念和生活被城市化的流动打破，民间禁忌和祈望的仪式空间被现代生活观念和方式冲淡，传统器用的形态以及图案纹样里差序格局的基础逐渐消解，标准化、流水线甚至拷贝“全球化”的生活方式

2010年，中国工艺美术学会民间工艺美术专业委员会专家考察中国民艺博物馆

2010年，凤凰卫视考察团参观中国民艺博物馆

2013年，中国文联副主席、中国民协主席、国务院参事冯骥才参观中国民艺博物馆

成为主流。传统民艺与民风民俗相依存，作为传统民间生活的有形载体，从生活舞台的中央走向边缘，一些品类的技艺与传承甚至走向消亡。生活在变，不变的是人们对美好的永恒追求。民艺维系的是一份亲情、乡情、民情，连接的是民族精神的根脉与人们的情感。在今天，民艺有生活的土壤和情感的需求，我们甚至比以往任何时候都更需要民艺，需要承载、安放、传递生活里最朴素亲和的情谊，需要传承生活的艺术和智慧，创造民间的生活之美，实现民生的审美关怀。传承和发展民艺，是一个生活文化的建构过程，把生活与美统一起来，使生活不是物质化的、空虚的、贫弱的，而是有匠心、有境界、有情感寄托的。美在生活，美在日常，在生活日用中塑造美、直观美，充实和提升的是最广泛深刻的社会认同。

当前，文化传承发展进入了新时代。国家全面实施“中华优秀传统文化传承发展工程”，出台“中国传统工艺振兴计划”，鼓励文艺创作，坚定文化自信，坚持服务人民，推动文化产业成为国民经济支柱性产业，倡导文化的创造性转化与创新性发展。“乡村振兴”战略的启动实施，从根本上强调乡村文明是中华民族文明的主体，村庄是乡村文明的载体，耕读文明是我国的软实力。“乡村振兴”战略从中华民族历史与文化的高度，深刻阐释了乡村的文化意义，明确了决定中国乡村命运的乡村地位，强有力地扭转了以狭隘的经济主义思维判断乡村价值的认识，对乡村文明的传承、文化载体的存续乃至中华民族精神家园的回归与守护都发挥了及时而长远的作用。乡村振兴涉及历史记忆、文化认同、情感归属和经过历史积淀的文化创造基础，民艺是其重要的载体和纽带。

《中国民艺馆》丛书初步计划出版三十余册，不以严格的学术分类分册，而是从作品赏析的角度归类，包括《油灯》《玩具》《百鸟绣屏》《戏曲纸扎》《枕顶花》《饮食器具》《年画雕版》《鞋样本子》《云肩》《家活什儿》等。丛书定位在传统文化传承普及和青少年民艺欣赏学习的层面，通过摄影表现民艺作品的审美意象，适当增加民艺作品的文化传承、工艺匠作等方面的解读，力求做到总体有风格、每册有特色，具有欣赏性、教育性和审美性。丰子恺先生说：“有生即有情，有情即有艺术。故艺术非专科，乃人所本能；艺术无专家，人人皆生知也。晚近世变多端，人事烦琐，逐末者忘本，循流

2015 年，南京艺术学院留学生参观中国民艺博物馆

2017 年，张仃夫人灰娃、著名文化学者王鲁湘参观中国民艺博物馆

2017 年，潘鲁生考察西藏拉萨夏鲁旺堆唐卡

2019 年，中国国家博物馆馆长王春法一行参观中国民艺博物馆

者忘源，人各竭其力于生活之一隅，而丧失其人生之常情。于是世间始立‘艺术’为专科，而称专长此道者为‘艺术家’。”他还说：“艺术教育是一种品性陶冶的教育，不是技巧的能事。极端地说，学生不必一定要描画、作诗、唱歌。懂得昼夜的情调、诗歌的趣味，而能拿这种情调与趣味来对付自然人生，便是艺术教育的圆满奏效。虚荣实利心切的，头脑硬化的，情感的绝缘体，在人群中往往做很不自然的障碍物，即使会描画作诗，乃是俗物。”让读者感知民艺的生活、民艺的世界，也是回归生活本身，于朴素的情感和趣味中体会创造，当生活的艺术家。民艺的复兴需要的正是万千生活主体的创造，复兴民族文化的创造力。

《中国民艺馆》丛书的出版，或许能使读者更清晰、更细腻地感知民艺的造型形态、材质肌理、纹样色彩和生活磨砺的岁月感，了解一件民艺作品背后的历史和生活状态，在纸页翻转中流连于民间的造物文化。我们要体现的不只是民艺的历史和知识，而是民艺独一无二、无可替代的意义和价值，它关系到我们对物、对用、对美的理解和感受，不断实现优秀传统的延续、记忆的延续，维系民艺与生活的内在联系。民艺里包含深切的人情心意，人们在日常使用中察觉和实现着其中的含义，也从中寻见自己，所以珍视民艺、传承民艺不仅是对消逝之物的怀旧，也是一种生活方式、文化认同、心灵境界的建构。认识民艺，感受民艺，学习民艺，是以生活的艺术涵养民族文化之心灵。

借助《中国民艺馆》丛书，让我们再次凝视民艺之美，感受生活之美。也希望丰富多彩的民艺回归朴素的生活，如不息的河流随岁月流转，哺育滋养一代代人的生活，在造物的智慧、用物的享受、爱物的快乐中寻得更美好的境界。

潘鲁生主持的国家社科基金艺术学重大项目的成果——《中国民艺调研报告》

丁酉秋于历山作坊

专论

人间神境

——论中国民间社会的神灵崇拜

神灵信仰发端于蒙昧混沌的原始社会。人类面对自然界风雨雷电以及人自身生老病死等难以解释的现象时，在幻想世界中按照自己的形象创造了神，并赋予了其超自然力量。神灵在某种程度上是人类自身力量的凝聚与升华，承托了支撑生命个体及族群生存传衍的情感、理念与价值。神灵崇拜是人类文明最为普遍的精神现象，特定信仰观念下，神灵世界也形成了社会化组织模式。“大一统的人间社会，造成了大一统的神的世界。”① 人类幻想世界中，神灵各司其职，拥有人的相貌，也具有喜怒哀乐和生命意志。

① 宗力、刘群：《中国民间诸神》，河北人民出版社，1986，第1页。

一、万物有灵：信俗世界的神灵谱系

中国民间社会神灵崇拜生发于民众的生活世界，继承了原始宗教“万物有灵”的宇宙观念，虽未像佛教、道教那样发展为制度化的宗教，但有着自发、自然、自在的本色，以及深远的历史渊源和社会基础。

就心理动因看，乡土社会民众的信仰动机具有浓厚的功利色彩。“信则灵”是人们将世俗愿望寄托于奉祀行为的普遍心理。祭祀田祖为的是祈求风调雨顺、五谷丰登的丰收年景；祭祀祖先为的是慎终追远、敦亲睦族；祭祀天地爷为的是平安和顺、生活幸福；祭祀送子观音为的是瓜瓞绵绵、子孙传衍；讨好天帝“耳目”灶王爷则是希望他能“上天言好事，下界降吉祥”。民间俗信认为，举头三尺有神明，山河湖海、日月星辰、花鸟虫鱼有神灵主宰，门庭户牖、宅居空间、角角落落有神灵守护，三教九流、五行八作有祖师爷护佑，人间世界的婚丧嫁娶、生老病死亦有专职神掌管。造神与奉祀心理同源，镜像化呈现了源自人们生活深处的最为基础、淳朴、真切、良善的情感愿望。正因为如此，无论是地跨南北的汉族地区，还是广袤绵远的民族地区，民间信仰深深地根植于中华文化的沃壤之中，广泛地影响或支配着民众日常生活的方方面面。葛兰言将中国民间社会神灵崇拜意识归结为一种“无意识的情感”，人们的“生活多少还是由情感所支配，无意识的情感的确存在……这些情感与支配他们祖先的生活的那些情感在大体上是相同的”[①]。不管灵验与否，嵌入岁时节令及日常生活的信俗习惯，总是世世代代绵延不息，成为乡民人生旅程之中驱动生命意志的无形之手。恰如“敬神如神在，不敬如泥块”之类朴素生活信条所揭示的那样，民间社会神灵崇拜观念秉持的是一切以生活实用为中心的“实践理性”，即使缺乏制度化宗教信众绝对虔诚的宗教情感，也不妨碍其在底层民众的生活世界中广泛传播。

在“万物有灵”观念支配之下，中国民间社会形成了特有的神灵谱系。乌丙安先生认为：“中国多民族的民间信仰是沿着一条由‘万物有灵’‘万灵信仰’到‘多神崇拜’的古老民俗文化路线自发形成的。”[②]民间神灵谱系是一个广阔无垠、光怪陆离、神秘莫测、复杂交织的信仰世界，由成千上万个大小神灵组成的神祇系统具有多样性、多重性和多功能性特征。如果对民间神灵谱系进行分类整理，据其神源神格特征，大致可分为自然神、始祖神、冥界神、生活守护神、行业神、俗神、道教诸神、佛教诸神八个类型。鉴于神灵信仰的混杂性，不同神祇之间在信仰功能上有叠合交叉之处，特定神祇所具有的多重属性亦应做具体微观的勘察。

自然神是自然现象被人格化之后升格为神。民间俗信认为日月、星辰、风火、雷电、山川、木石都由神灵主宰，日神、月神、斗姆、北斗、南斗、织女、雷神、电母、风神、雨神、火神、水神、河伯、海神、龙王、山神、东岳、南岳、北岳、石神、花神、狐仙、虫王、牛王、马王皆从其类。始祖神是古代神话中神通广大的创世大神，他们于混沌世界之中创造了世间万物。盘古、女娲、伏羲、炎帝、黄帝、神农、少昊、颛顼、羲和、尧、舜、禹、夸父、后羿、盘瓠等皆为民间俗信中的创世之神。冥界神为神话中的地府诸神，包括十殿阎王、孟婆、判官、牛头、马面、黑无常、白无常等等。生活守护神为神话中守护生活福祉之神，包括后土、城隍、土地、本主、门神、钟馗、姜太公、关圣帝君、子孙娘娘、眼光娘娘、金花夫人、鬼子母、送子张仙、花蕊夫人、

图 1　三皇图，自左至右依次是伏羲、神农与黄帝

① 葛兰言：《中国人的信仰》，汪润译，哈尔滨出版社，2012，第 140 页。

② 乌丙安：《中国民间神谱》，辽宁人民出版社，2007，第 1 页。

图 2 河南滑县民众供奉的田祖神

保生大帝、痘神、床神、灶神、紫姑、坑三姑娘、井神、桥神、路神、车马神、开路神、猪栏神、扫晴娘等等。俗神为慰藉世俗愿望之神，主要有福神、禄神、寿星、财神、文财神、武财神、招财童子、利市仙官、月老、文昌、魁星、南极仙翁、彭祖、麻姑、喜神、万回、和合二仙、穷神、瘟神、哭神、蛊神、五路神等。行业神为神话中五行八作诸种职业的守护神，有后稷、八腊、芒神、青苗神、谷神等农业神，也有蚕业神马明王、纺织神织女、染坊神梅葛仙翁、鞋业神孙膑、盐业神管仲、酒业神杜康、茶神陆羽、木瓦石匠神鲁班、窑神范蠡、冶炼神太上老君、书坊神文昌帝君、造纸神蔡伦、笔业神蒙恬、画匠神吴道子、占卜业神周文王等神格明晰的行业神。

民间社会奉祀的道教诸神有别于制度化道教崇祀之神，主要是基于功利化心理需要选择的结果，有玉皇大帝、三清、天官、地官、水官、紫微大帝、四值功曹、太岁、碧霞元君、铁拐李、汉钟离、张果老、何仙姑、蓝采和、吕洞宾、韩湘子、曹国舅、张天师、王灵官、刘海蟾、陈抟等神祇。民间崇祀佛教诸神的情况类似于道教，有阿弥陀佛、弥勒佛、燃灯佛、药师佛、欢喜佛、观音菩萨、文殊菩萨、普贤菩萨、地藏菩萨、目连、韦驮、龙女、善财、济公、达摩、密集金刚、度母、大黑天、大梵天等神祇。按乌丙安观点，民间信仰与宗教信仰存在十个方面的区别，与宗教信仰相比，民间信仰缺乏固定的信仰组织、至高的信仰对象、支配信仰的权威、组织化的信仰宗派、完整的理念体系、可供遵守的规约、专职神职人员、固定化的信仰场所、特定的法衣法器依仗、自觉的信仰意识。[①]正因为如此，民间神灵谱系中虽然吸纳了道教、佛教崇奉的神灵，在崇拜模式上却始终以“祈求 – 灵验”交互模式为主轴，不断在崇拜实践中累积信众、扩散传播效力，在基于生活愿望的原发性精神需求促动下始终处于持续生成演化过程之中。

民间社会神灵谱系尽管看上去神秘幽古、光怪陆离、繁杂异常，但考其神源皆有所本。三皇，即天皇、地皇与人皇，相传他们均是盘古开辟天地后出现的人祖，有伏羲、神农、燧人为三皇或伏羲、神农、祝融为三皇等多种说法。鲁西南地区供奉的三皇像为伏羲、神农与黄帝。火神崇拜源于民间拜火习俗。人格化的火神有钻木取火的燧人、炎帝以及祝融三种说法，其中祝融说传布最广。传说中祝融发现了击石取火的方法，并发明了火攻战法，帮助黄帝打败蚩尤军团。黄帝彰其功绩，命其掌管火种，因而祝融被民间奉为火神。田祖神即神农，相传神农教先民播种粮食，开创原始农业，被河南等

① 乌丙安：《中国民俗学》，辽宁大学出版社，1985，第 242—245 页。

地民众奉为“农神田祖”。玉皇大帝，本为道教尊神之一，民间社会奉其为老天爷，并将其神格提升至宇宙最高神灵。民间观念中，每年腊月二十五玉帝要降临凡间，正月初九为玉帝诞。灶神被认为是玉帝委派人间的耳目之神，负责督查一家人的善恶举止，以此作为惩恶嘉善的依据。民间俗信认为，福神是主宰人间幸福运气的神灵，这源于古时的星辰崇拜，福星即为岁星（木星）。东汉以后，道教传播中的天地水三官崇拜认为，“天官赐福，地官赦罪，水官解厄”，天官、福神是民间最为喜闻乐见之神。增福财神，俗称“金增”或者“文财神”，为常见的财神样式，其神源为典籍中所录“增福相公”。据元刻本《新编连相搜神广记》载，“李相公讳诡祖，在魏文帝朝治相府事，白日管阳间决断，邦国冤滞不平之事。夜判阴府是非枉错文案，兼管随朝三品以上官人衣饮禄料，及在世居民每岁分定合有衣食之禄。至后唐明宗朝天成元年（926 年），赠为神君增福相公”[①]。增福相公掌管官府“衣饮禄料”及居民“衣食之禄”，后被民间演绎为掌管“奇珍异宝”，由客观属性引申出超自然的神力，体现了民间社会臆想造神的观念逻辑。钟吕八仙，是以钟离权、吕洞宾为代表的八位道教神话人物，皆为地仙，各有其生活原型。他们人神一体，法力高深，是锄强扶弱、惩恶扬善、积善成仙的神话人物，超脱于世俗，亦真亦幻。八仙在凡间事迹散见于历代文人笔记之中。作为道教神祇，八仙之所以在民间社会广泛流传，最为重要的原因是这些度化了的成仙之人承载了老、幼、男、女、富、贵、贫、贱诸色人等的生命憧憬。

祖先神灵崇拜是民间信俗中一个极为重要的维度。民间社会大多持有灵魂不灭的生死观，认为人死之后精神不灭，人们称之为“鬼”。鬼既是亡人之灵，也指木魅山鬼等万物化成的精怪。民间俗信认为，鬼神活跃于自然界和人类世界的各个角落，祖先故去之后的鬼魂能够护佑后世子孙健康、富足、长寿。人们将崇拜鬼神的观念自然地转用于祖先身上，由此，祭祀祖先成为祭祀礼仪的重要组成部分。中国人生活于家庭、家族、家乡之中，生活富足、家人安康、子孙延续、家宅平安，是人们最为基础的心理需求。神灵信仰在虚幻的观念世界构筑了一个叠合空间，满足了民众守住人间福祉的美好愿望。

二、文化之相：神灵造像的艺术特征

神像本质上是神灵崇拜的媒介物。民间神灵崇拜习俗中的偶像制作大多就地取材，以木雕、泥塑、石刻、铸造等技艺塑作，或者以绘画、版画形式绘制。潘鲁生先生指出：“在人类造神过程中，神灵代表着人们的一种信仰

① 佚名：《绘图三教源流搜神大全（外二种）》，上海古籍出版社，2012，第 566 页。

图 3 山西祖先神轴

观念，而造像本身又体现出神的文化之相。”[1]造像者根据神灵的神格特征与神职功能，赋予造像以人格化的亲切可感的艺术形象，通过各种工艺手法同构了一个颇类似于人间社会的神灵世界。一代代民间画工、匠师发挥艺术想象力与创造力，塑作绘制了数量庞大、体系繁杂的神灵造像系统。

鉴于不同神灵之间神格的差异，神灵形象往往相对固定、程式化，或者在神情样貌上塑造得性格鲜明，或者在服饰装束上体现身份特征，或者执有特定的法器道具。玉皇大帝为帝王相，头戴十二行珠冠冕旒，耳垂宽厚；身着九章法服，道袍袖口宽大，袖前镶接蓝色、白色条状接袖；双手持圭板，呈坐姿。太上老君为老者形象，耳朵垂肩，慈眉善目，以青牛为坐骑。真武大帝为北方守护神，手持宝剑，身披金甲玉带，脚踩的龟蛇玄武为其龟蛇二将，相貌勇猛。天官像多为宋代丞相冠服，头戴相纱，身穿官服，捧如意，执笏板，寓意吉祥如意，禄位高升。火神祝融像多头戴金冠，发须均呈朱红色，额间多出一只眼睛，身着红色长袍，长有六只手臂，两手持剑举过头顶，两手执法器，两手捧圭板放于胸前。关圣帝君像多为红脸美髯公形象，顶盔掼甲，手持青龙偃月刀，威仪赫赫。钟离权头梳双髻、袒胸露乳、手执芭蕉扇，吕洞宾背负宝剑，张果老手擎渔鼓，韩湘子口吹笛子，铁拐李撑拐而立，曹国舅手执玉拍板，蓝采和双手托起花篮，何仙姑擎荷花，均具有程式化、易辨识的特点。月神多为美丽的嫦娥形象，民间女子拜月祈求夫妻团圆或青春永驻。三皇像中伏羲和神农身穿兽皮树叶，双手交叉放于胸前，分别上托无极镜、阴阳镜，黄帝则头戴冕旒，身着黄蓝相间的衣袍，手持玉圭板。田祖形象多为人面兽首，头部有牛角，身披长袍，赤脚而坐，颈间与腰部系有树叶，右手持绿枝。佛祖释迦牟尼形象往往面相丰满圆润，丰颐足额，眉毛纤细，鼻梁挺直，唇线分明，双耳下垂，身披金袍，双手叠合，掌心朝上，放于腹前，结跏趺坐于莲花座上。大黑天为佛教之神，形象多为三眼六臂，龇口獠牙，头戴五骷髅冠，腰系虎皮裙，手捧嘎巴拉碗。弥勒佛形象往往慈眉善目、耳垂宽厚、袒胸露腹，表情多开怀畅笑，模样憨态可掬。大肚子代表了“量大福大”，同时传递出佛所具有的“包容心”“宽恕心”。观音菩萨通常头戴宝冠，顶有化佛，眉间有白毫，面庞圆润，五官秀美，神态安详，法相庄严；身佩项圈、璎珞、臂钏、腕钏等饰品，斜披红色络腋，手各拈长茎莲花或净瓶等物。文殊、普贤菩萨亦是神情庄严，神色和悦，文殊菩萨的坐骑是青狮，普贤菩萨的坐骑是白象。地藏菩萨多头戴宝冠，面庞饱满圆润，打坐于莲台，施禅定印，双手仰置于腹前，二手相叠，拇指指端相接，体现

① 潘鲁生主编《中国民间美术全集·祭祀编·神像卷》，山东教育出版社、山东友谊出版社，1993，第 2 页。

涅槃寂静、超脱生死的含义。神判钟馗像一般为红脸、虬髯、瞪目龇牙、戴黑帽、披红袍、着黑靴，钟馗右手挽袖持剑，左手持剑鞘，脚踏恶鬼，侧身欲行，一身正气。全神图是武强、东昌府、滑县、杨家埠等地场面宏大的神像类年画，画面中展现“天地人”三界之神。杨家埠“天地全神”年画俗称“天地爷”，上方刻有《波罗蜜心经》。画面中刻画了47尊神祇，有36尊标注了神祇名称。纵轴中心的神祇为主要的尊神，自上而下是五党（武当）、古儒、玉皇、天官、地藏，居于画面正中心的为玉皇，他们的头部后方皆笼罩头光。位于画面上层的天皇、上元、观音、泰山四位尊神也是头部后方笼罩头光。佛教的文殊、普贤以及民间的送生、地官、水官、城隍、阎君、二郎、土地、青龙、白虎、宅神等民间俗神分布于四周，中间以云气分割，涵盖了儒、释、道三教众神。神像自上而下，将信俗之中“天地人”三界众多有名甚至无名的神祇都囊括其中，层层列布，秩序井然，俨然一幅民间信众的心灵图谱。

神灵造像一般有谱可循。民间画诀是在画工师徒间口口相传的神灵造像要诀，记录了神灵造像的神情姿态、服饰扮相、色彩搭配要点。如天津杨柳青民间画工口诀：天王像，顶盔掼甲护肩布，九吞八爹沙鱼带，锦带包肚登云靴，挺胸叠肚摄魂魄。灵官像，太子盔，风火轮，天衣风带，腰裤水裙，腰衬，战靴，罩立水江崖袍。玉皇帝王像，冕旒冠，天衣帔肩，腰衬腰裙，托布镇圭，靴画勾云，飘带绕肩，挺带下垂，上画云水。文财神像，丞相冠，如意翅，蟒袍玉带，五绺髯，脚蹬朝靴，手托元宝钱。武财神像，将军盔，满髯脸，护肩包肚袍色玄，虎皮高靴手托鞭。菩萨像，缨带长裙，天衣缠身，垂首合目，坐骑莲盆。观音菩萨手持杨柳枝净水瓶，普贤菩萨手托如意，文殊菩萨手捧经卷。祖师像，垂脚软巾，宽领素袍，云头朱靴，神态逍遥。福星像，耳不闻天官帽，朵花立水江崖袍。禄星像，青软巾帽，绦带绿袍，携子又把诰命抱。寿星像，绾冠玄氅系素裙，薄底云靴，手拄龙头拐杖。①这些民间绘画口诀将诸神威严的形象栩栩如生地呈现出来，成为民间画工描摹神像的基础参照。

粉本即为画稿，是指以图样与图例方式流传的模式化图样。水陆画画师群体中有代代相传的粉本，人物画样式多来自画诀，如三庭五眼、坐五站七等诀窍，服饰、姿态、样貌体征都具有程式化表现手法，形式虽显机械刻板，但积淀了代代画工的创作经验，成为初学者入门的谱样。神像画绘制时粉本传移摹写的方法有版印线稿、扑灰画稿等多种。扑灰技艺是山东高密神像画的绘制手法，艺人打好腹稿以后，用柳木炭条起线稿，再用画纸在线稿上扑

① 王树村：《中国民间画诀》，上海人民美术出版社，1982，第29—32页。

图4 青海热贡唐卡艺人利用粉本绘制佛像

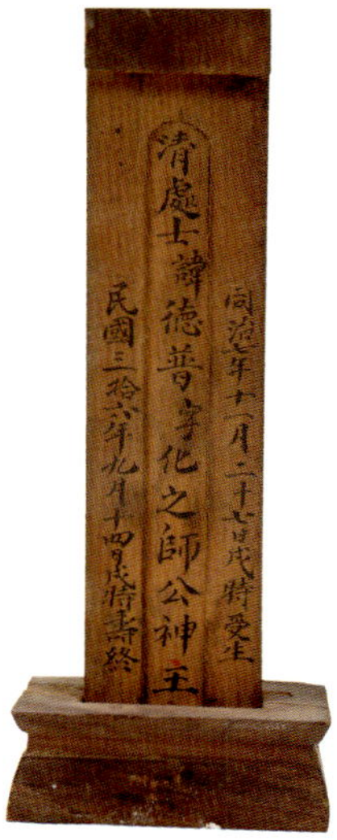

图 5 山西民间木质神主牌

抹“复印”，一张画稿可以扑成数张。起稿、扑灰完成后，再加手绘，经落墨勾线、粉脸、圈脸、熏脸、涮脸手、点睛、开眉眼、粉眼、点嘴、耙头发、上色、染道、涮花、磕花、揩粉画金、搂胡子、罩明油、刷边裁边等工序后，可完成一幅悬挂于中堂的神像画轴。民间寺庙神像塑作遵循固定的制作流程，首先要依据神像动态不同，制作表现人物姿态的木架结构。然后以加入麻、稻草之类植物纤维的黏土来固定，完成粗坯的制作，并以此为基础完成初具轮廓面貌的中坯。最后采用细腻的优质黏土深入刻画造像神态，在造像阴干之后，施加彩绘纹饰，随形敷彩。

三、如在其上：神灵崇拜的祭祀礼仪

神灵的偶像崇拜出现之前，上古时期中国祭祀仪典流行的是“尸祭礼”。“尸”通常以活人充当，先民认为“尸”是神灵短暂寄存人间的媒介物。“祭祀之尸，本象神而陈之。”[①]“尸”的充当者一般具有特殊的身份地位，或者通过巫师占卜来确定。如同中原地区迎神赛会上被选中充任某种角色的演员，“尸”被选中之后，需要在祭祀日来临前进行斋戒沐浴等特殊准备。祭祀当日，“尸”会被迎进庙中，作为神之替身享用祭品，接受祭拜者的奉祀。夏商周三代，“尸”在祭祀仪典中的姿态并不固定，夏代的“尸”为站姿，商代为坐姿，周代之“尸”可以与仪式参与人员互动。鬼神“听之无声，视之无形”，虚幻缥缈，看不见、摸不着，以活人装扮的“尸”充当神灵指代符号，在祭祀场景中能够更好地感染仪式参与者。

神主是与“尸”在上古时期敬天法祖时并行使用的祭礼媒介。上至王侯，下及士庶，均有祭祀之责，这些祭祀活动之中，多有迎尸与供奉神主牌环节。以所行祭灶礼为例：“灶在庙门外之东，祀灶之礼，先席于门之奥，东面，设主于灶陉。乃制肺及心肝为俎，奠于主西。又设盛于俎南，亦祭黍三，祭肺、心、肝各一，祭醴三。亦既祭彻之，更陈鼎俎，设馔于筵前。迎尸如祀户之礼。”[②]由此可知，先秦时期祀灶采用的是尸祭礼，仪式之中不仅需要设神主牌，还要由活人扮演灶神接受祭祀，“尸”“主”同时充当了指代灶神的功能。尸祭礼大约消失于秦汉时期，如《通典》记述：“如三代制，天子诸侯至庶人祭则立尸，秦汉则废。”[③]汉魏以降，随着佛教观念的传播，偶像成为新的神灵指代符号，逐渐取代“尸”的媒介地位在礼俗活动中流传开来。

民间通行的神主牌位常以黑墨写就，最后一个“主”字要空出上面的一点，还要在神主牌两侧用朱笔画耳。像与神主均为神灵的象征符号。民间宫

① 许慎：《说文解字注》，段玉裁注，许惟贤整理，凤凰出版社，2007，第 399 页。

② 《十三经注疏》整理委员会整理《礼记正义（十三经注疏）》，北京大学出版社，2000，第 574 页。

③ 杜佑：《通典》，中华书局，1988，第 1653 页。

庙场景之中，神像通常置于高座，下设神主牌，二者共于同一时空充当神灵的双重指代符号，代表了祭祀时灵体在场。明代祭孔仪典之中，像与木主关系曾引发了一场旷日持久的论争。双方争论的焦点在于土泥之“像”能否代表孔子的圣贤之身。“太祖高皇帝建国之初，秩祀百神，咸惟其旧，独于先师孔子之祀，用木主以易塑像。”[①]儒林关于木主的坚持，其时代背景在于纠正元代少数民族风俗对于汉俗的影响，“报本以复古”。[②]自洪武至嘉靖年间，这种争论一直持续，“去像易木主”一度成为各地官学奉祀孔圣的主流方式。就形态而言，像为神灵的形象表现，神主则为神灵的抽象指代符号，如同人物画榜题对于画中之像的意义，神主是像的身份注脚。祭孔仪典，属于官方正祀范畴，有其意识形态的价值导向，民间神灵崇拜受官府影响相对较小。习俗一旦形成，如果没有强大的外力干预，“咸惟其旧”是其发展的主流。

安置于宫庙之中的泥木类神像，除了在神殿接受奉祀外，有时也会被抬至室外巡游，寄托了信众希望神明巡土安境的世俗愿望。迎神赛会是我国南方地区广泛流传的汉族民间信仰活动，内容是民众以鸣锣击鼓及各种化装游艺节目迎送神像。潮汕地区正月间举办的“营老爷”习俗即是其中一种游神仪式。村民选择吉时将大王公、大夫人、三王公、三夫人、仙师公、晋升公、花公妈、花公公、伯公、周仓老爷、土地公妈等“老爷”木质神像请上神轿，由标旗、仪仗队、醒狮、大锣鼓、潮乐队等作为前导，在本村及附近村落各主要道路巡游。仪式高潮环节是“掉老爷”，执事用红布将神像紧捆在神轿上，青年丁壮在观礼者的注视下喊着号子将神像连续向空中高高抛起，老爷像不断飞向天空。这些仪式与北方地区民间秧歌队、高跷队巡游相似，均具有净土驱邪，祈愿风调雨顺、合乡平安的意味。

祭祀行业神大多有神庙、祠殿等固定场所，各地的鲁班祠、窑神庙、炉神庙均属此类。人们也会在会馆、公所、作坊之中安置神龛，供奉神像或神主牌位。祭祀时间主要选在神诞日、岁时节令或者学徒拜师、出师等特定时刻。伶人演出前、瓷器出窑、盐池出盐、蚕茧丰收、遭遇困难等往往都要祭祀行业祖师神。祭奉仪式包括焚香上供、演戏酬神、迎神赛会、宴饮聚会、交流技艺等多种形式。明清以来行帮行会盛行，祭祀师神活动多由会首操办，仪式十分隆重。家宅神在宅院之中各有其位。春节到来时，人们会将神像张贴或悬挂于宅院相应方位，接受香火奉祀。一般乡民家庭供奉神像主要有门神、财神、灶神三类世俗神祇。大年三十，人们洒扫庭院之后便会“打糨子”贴神像。通常入户的大门上会张贴武将类门神，可以是神荼郁垒、秦琼敬德，

① 唐胄纂《琼台志》卷一五《学校》，天一阁藏明代方志选刊本。

② 李媛：《塑像与木主：明朝祭孔形象的变迁及其原因》，《史学月刊》2011年第8期。

也可以是赵公明与燃灯道人，抑或是一对立刀门神。堂屋门多张贴文官类门神，如五子门神、天官门神、三星门神等。已婚女子的房门通常会张贴“麒麟送子”题材，女性闺房多张贴“美人条”，另有“连年有余”“蟾宫折桂”“独占鳌头”等吉祥图也会根据主人心愿贴于房门之上。“天地全神”供奉于天地神棚。此画一般由家中老人节前“请”回家，小心翼翼收藏，待到除夕夜取用。供奉“天地爷”的“发纸马”仪式通常是除夕夜最为核心的奉祀仪式。除夕夜来临前，天地神棚安置于西窗下磨盘之上，由一张立起的席子三面围合，形成一个坐北朝南的神庭空间。“天地全神”张贴于席子北侧面内侧，席前摆放供奉“天地爷”的供桌，供品有猪肉、整鸡、整鱼等荤菜及白面饽饽。“发纸马”供奉仪式结束后，“天地全神”纸马随黄表纸一同焚化。“天地爷”供奉仪式结束后，还会在门、室、井、圈等位置焚化黄表纸祭拜，此举体现了“万物有灵”的思想观念。地方民俗中“天地全神”图在使用时还存在“不允许年轻人看”的民俗禁忌。钟馗、张天师、判官等神像，常张贴于门后隐蔽之处，契合“鬼祟居于暗处”的民俗观念。

山东各地均有年节祭祖习俗，所用神像画主要为家堂轴子或三代宗亲。人们大年三十要在堂屋正位悬挂家堂轴子。家堂轴子亦称“族影”，其画面呈平面结构祠庙式样，上方神庭空间会有本支先祖夫妇并坐画像，下方按照“左昭右穆”次序书写列祖列宗名讳。悬挂时一般衬以芦苇席，两边饰以配轴。配轴内容或为对联，或为八仙、四季花题材。民间供奉家堂仪式是过年的核心仪式。年三十下午堂屋“挂影”后，全族男丁要到墓园“请”祖先回家过年，“挂影”之后，就不再允许外姓人进入家门。除夕夜，祭拜“天地”发完纸马之后，全家人到“影”前行祭拜仪式。“影”前的供品是两盘白面饽饽，外加鱼、肉等五碗菜及一碗黄米陈饭，共计六个供碗。香炉上燃三炷香，香要持续衔接，在“落影”之前不使其熄灭。年初一天未亮时，本家人在“影”前磕头礼拜之后，开始互相拜年。多数人家正月初二早上“落影”，为的是不让出嫁后的女儿回娘家时看到祖先像，也有人家无此避讳，选择在正月十五“落影”。财神轴子的尺幅和家堂轴子的尺寸相当，悬挂的方位也与家堂轴子处于同一位置。多数家庭选择在中堂居中位置悬挂家堂轴子，也有家庭选择家堂轴子与财神轴子叠加悬挂。在山东高密、平度等地，小幅的增福财神像会张贴于轴子之侧，或者在接财神仪式中作为纸马烧送。

图 6 祭祖的族影通常只有年三十时“请”上神位，接受香火奉祀

民间自发祭祀活动中，祭祀用具和供品也与宫观祭祀一样具有一定的规制。除了上文提及的神像与神主牌之外，还有香炉、烛台、杯盏、桌围器具，

有铜、锡、陶、瓷等多种材质，形制虽小，但多成套配合使用。烧香是人们在意念中通神达道的路径，俗语谓“人是一句话，神是一炉香”。山东地区的香炉多以锡制，炉口呈圆状，束颈，鼓腹，三足，三足造型矮小圆润，双耳自炉腹开始往外延伸。祭拜时燃香数量以一、三、五为吉数，春节堂屋“挂影”之后，炉中香火要根根相续，一直到“落影”之前不中断。堂屋正位的条几或八仙桌摆供、燃香之后，两侧椅子便不能再像平时那般使用，以示对祖先神明的虔敬之心。民间奉献于神明之前的供品有颇多讲究，有的甚至发展成为造型别致的祭祀食品。“相糖”是鲁西南地区一种祭祀食品，以白砂糖为原料塑造成狮子、柱子、塔、牌坊、丞相等形象。这种食物通常由两片模具压制，模具内部雕刻动物、人物、建筑物等形态逼真的造型。

民间神像画、神龛上方常见“如在其上”字样额题，语出《论语·八佾》：“祭如在，祭神如神在。子曰：吾不与祭，如不祭。”儒家重礼，孔子所秉持的是“敬鬼神而远之”的态度，但对于祭祀礼仪，他主张应该亲力亲为、虔敬行事，这种文化观念两千多年来深深影响了民间的祭祀心理。诚如张道一先生所言，纸马敬神“蕴含着平民百姓的愿望和情感，未及展现出来，它是一种心灵的慰藉，对幸福生活的憧憬”[①]。由神像、神主牌、神龛、供品、供具组合而成的祭祀时空，构成了一个虚幻缥缈的人间神境。人们的造神拜神行为反映的是一种世俗性、功利性的文化心理，这是一种内在于心的真情实感和良善愿望。那些端肃祥和的诸神造像体现了民间艺术追求吉祥和合的审美特征，也展现了一种深蕴于底层民众礼俗实践之中生生不息的文化精神。

① 张道一：《纸马：心灵的慰藉》，山东教育出版社，2018，第3页。

图说

民间神像

祖先崇拜

三皇，即天皇、地皇与人皇，相传是盘古开天辟地后出现的人祖。唐代《艺文类聚》有记载："天数极高，地数极深，盘古极长。后乃有三皇。"[①]

三皇具体是哪三位，民间说法不一。汉班固等编撰的《白虎通》以伏羲、神农、燧人或伏羲、神农、祝融为三皇；魏宋均在《春秋纬运斗枢》一书中以伏羲、神农、女娲为三皇；晋皇甫谧在《帝王世纪》中以伏羲、神农、黄帝为三皇；唐司马贞在《史记·补三皇本纪》中以伏羲、女娲、神农为三皇。[②]

下页中的神像画流行于山东西南地区，当地百姓普遍认为三皇从左至右依次是伏羲、神农与黄帝。画面中伏羲和神农身穿兽皮树叶，双手交叉放于胸前，分别上托无极镜、阴阳镜。黄帝则头戴冕旒，身着黄蓝相间的衣袍，手持玉圭板。三人的法器表明了人类由无极到太极两仪，再到垂衣裳而天下治的原始社会发展历程。[③] 鲁西南百姓敬仰尊崇三皇，进而将其神化，此神像画中体现为三皇头部后方笼罩头光。

① 欧阳询：《艺文类聚》（卷一），上海古籍出版社，1965，第2页。

② 乌丙安：《中国民间神谱》，辽宁人民出版社，2007，第50页。

③ 顾颉刚：《古史辨自序》（上册），商务印书馆，2017，第331—334页。

名称 / 三皇图
尺寸 / 长 520mm 宽 390mm
材质 / 纸
地域 / 山东

传说伏羲是人类始祖，他做八卦、制网罟、训家禽、制干戈、定婚姻、制乐创歌，提高部落生存条件，推动部落发展。[①]神农生于姜水（今宝鸡地区），以“姜”做姓。相传伏羲去世后，神农继位。神农教先民播种粮食，开创原始农业，实现向农耕社会的转型，推动了中华文明的发展。黄帝，因其居于轩辕之丘（今河南新郑），也常被称为轩辕大帝。汉代《史记》中就有记载：“黄帝者，少典之子，姓公孙，名曰轩辕。”[②]相传黄帝推算历法、造舟车、制乐器、创医学，“垂衣裳而天下治”。衣裳的发明，显示华夏民族迈进文明的门槛，更重要的是，治理国家同样依靠与“衣冠”配套的制度，以衣服有制来区别尊卑，进而维护国家秩序。因此，神像画中伏羲与神农赤裸身体，唯有黄帝头戴冕旒，身着上衣下裳。

伏羲、神农和黄帝共同被奉为华夏人文始祖，受到华夏子孙的广泛认同。现有资料记载，唐代已有祭祀始祖的仪式。除帝王祭典，民间百姓也祭拜三皇，比如民间常将伏羲奉为度量衡行业的祖师，将黄帝奉为弓箭、成衣等行业的祖师。

① 石朝江：《伏羲被尊为“三皇之首”应为信史》，《贵州社会科学》2015 年第 2 期。

② 司马迁：《史记》，甘宏伟、江俊伟注，崇文书局，2010，第 1 页。

名称 /

山西神轴

尺寸 /

长 1000mm 宽 650mm

材质 /

纸

地域 /

山西

敬奉祖先是中国人孝义为先的礼制传统，百姓常通过张挂祖先神轴等多种方式表达对逝去祖先的怀念与崇敬，并逐渐成为一种习俗。大型挂轴式祭祖图像在各地称呼各不相同. 比如，山东潍坊地区称其为“家堂”或“族影”；河南滑县地区将这种祭祖图称为“名义”；山西地区则称这种集家谱、神主、祖影于一体的祭祖图像为“神轴”。

图中神轴为纸质，画面中人物形象逼真自然，背景图案也绘制得细腻清晰。神轴最上方是供桌，供桌用红绿相间的桌帷围绕，上有一对烛插、三座神主牌等祭祀供具。下方设小方桌，上面摆放香炉一个、烛台一对，意为敬香之地。中央呈现了家族中四代共十七位先祖形象，且从下至上依次为祖父、曾祖、高祖与天祖。神轴中绘制人物虽多，但画面井然有序：画面人物呈对称分布，男性形象集中在右方，女性形象则集中于左方。神轴中祖先们身着清朝服饰，每个人的衣纹图案、面部神情各不相同，体现出民间艺人高超的绘画技能。先祖形象下方还画有十六座神主牌位。

神轴下方绘有松树和万年青两盆绿植。松树与万年青寿命长、四季常绿，因此在我国传统文化中，常以松树与万年青象征福寿延绵。神轴中每一物件都描绘得细致生动，耐人寻味。

从神轴中人物的位序、清朝服饰与身后的供桌背景可以看出该家族子嗣兴旺、权重望崇，体现出后代对于先人的尊崇敬重与怀念，进而表现出对于子孙以先祖为榜样，发奋图强、振兴家业、光宗耀祖的期望。

名称 /
山西神轴
规格 /
长 1000mm 宽 650mm
材质 /
纸
地域 /
山西

山西民间的神轴力图通过真实的场景再现，记录下祖先的音容，以此来表现后辈对祖先的敬仰与崇敬。

神轴为纸质，主要绘制两位先祖形象。两人正襟危坐，神态自然。人物着装十分讲究。从服饰上看，画面中人物身份尊贵，尤其男性先祖应为一品文官。其头戴红缨帽，衣领处覆有披领，平袖口前接出蓝色绣花马蹄袖，身着补服，神态自若。补服，也称“补袍”，是指衣服前、后各有一片彩线绣成的补子，用于区分官员品级。男性先祖补服上为方补，并绣有仙鹤纹样，按照我国古代沿袭的补子图案的品级规定来看，应是一品文官。女性先祖头戴蓝黄相间的宝冠，身着枣红色长袍补服。

神轴中背景的刻画也十分细致。画面背景是一张案儿，案儿上摆放神主牌位、香炉与孔雀翎等物件。

在我国传统文化中，孔雀象征着吉祥、美丽与华贵，是一种“吉祥鸟”。清朝官帽设有翎管，用来插放翎枝。翎枝又分蓝翎与花翎，其中，花翎便是由孔雀翎制成。花翎有单眼、双眼与三眼之别。所谓“眼”，即指孔雀翎上一圈形同眼睛的斑纹，古人认为，眼多者为贵。因此，民间常在瓷瓶中插放孔雀翎，借此表明高贵身份，这也体现出民间百姓对官禄、吉祥生活的美好追求。

名称 /
家堂
规格 /
长 2100mm 宽 1160mm
材质 /
纸
地域 /
山东

家堂原指家中的堂屋。民间百姓常在堂屋摆放祖先牌位，纪念祖先。随着牌位数量增多，堂屋中没有足够空间来放置牌位，百姓便在纸上画出牌位的样子，在上面添上逝世家人的名字，逢年过节将之拿出供奉、祭拜，这就是最初的拜家堂。① 后来画师又通过半印半绘的方式，在纸上加入人物、建筑、动物、植物等装饰，逐渐发展成了如今民间流传的家堂。

年画中的家堂，又称“家堂轴子”，是民间祭祀祖先的必备物品。鲁东一带，过年要悬挂家堂。家中男性长者在除夕这日将家堂“请”出，悬挂在堂屋北墙上。正月初二下午、初三清晨是高密百姓集中“送”家堂的时间，一般由男性为祖先供水饺，将供桌上的酒、水饺碗中的水在供桌前倒掉一部分，称作“浇祭”。之后焚香、烧纸，全家人磕头拜祭。拜祭后“请”下家堂，俗称“落影”。②

图中家堂为纸质，画面庄重静穆。此家堂用二维平面的方式表现出院外、院内及堂屋三个部分场景。自下往上首先映入眼帘的是门庭前众人作揖互拜的场景。画面人物以大门为中心，分为左右两边，其中，右边成年男性着明朝官服，左边成年男性则着清朝官服，遵循“先明后清”的历史顺序。身旁的孩童手提灯笼，互相嬉戏打闹。

目光上移，为庭院正门，正门牌匾写有“忠孝”二字，门两侧分别放置石狮子。在我国传统文化中，石狮子不仅有辟邪驱邪的作用，还是家族身份与权力的象征。正门两边的侧门有孩童手举鞭炮与灯笼，展现出孩子的童真与节日的喜庆。正对着大门的是影壁，影壁后的庭院内，孩童手提灯笼，与仙鹤、幼鹿嬉戏玩耍。在民间文化中，鹤、鹿意为“鹿鹤同春”，“鹿”取“陆（六）”音，“鹤”取“合”音，“六合同春”有天地四方欣欣向荣、春意盎然之意。

进入正门，神轴以正中的甬路为轴心，左右各画有若干空白方格。每个方格便是一个牌位，一行方格则代表一代。这一年中若有家人去世，要请族里德高望重的长辈执笔，按族中辈分依次填写逝者名讳，这体现了家堂中蕴含的“孝”文化。

家堂最上方为两位老者的形象。老者前方的供桌上摆有一个香炉、一对烛台、一对花瓶。其后画供品，中间为鱼、猪头和鸡，再后方为六个供碗。供品数量与摆放十分讲究，时人试图通过供品来与祖先、神祇交流沟通，这也是古代百姓尊敬祖先、传承孝道的体现。

家堂承担着“成教化、助人伦”的艺术功能，它以图像的形式展示民间诸多礼法秩序，并通过家庭、家族间的祭祖仪式来践行礼教观念。这种以图像为载体的祭祖方式，满足了民间百姓的审美需求，也使祭祖仪式中蕴含的孝文化、家族观念和血缘观念深入人心。

① 高纪洋:《山东高密扑灰年画·吕蓁立》，海天出版社，2017，第78页。

② 崔洁：《图像与信仰——祖先信仰习俗中的潍坊家堂图像研究》，硕士学位论文，中国艺术研究院，2015，第52页。

纪念祖先

功千載澤

繼善年春
百世

名称 /
三代宗亲
规格 /
长 540mm 宽 490mm
材质 /
纸
地域 /
河北

“一年之计在于春”，春节是一年中最为隆重的节日。对于家族观念浓厚的中国人来说，春节也是祭祖的重要时间，民间有将去世祖先“请”回家，共同欢度节日的习俗。河北地区的百姓常通过悬挂“三代宗亲”家堂画的形式来祭拜祖先。“三代宗亲”俗称“家堂”。通常的家堂画有两种：一种是请画师按家谱专门画的卷轴，上面有空白方格，用于按辈分填写祖先名字，这种永久性的家堂也称“老的轴子”“祖先卷轴”；而不填祖先名讳，只写有“三代宗亲”的临时家堂画便是“三代宗亲”。

图中三代宗亲家堂画整体设色为红、绿、黄色，画面构图饱满。其中，画面下方点缀五男五女，均呈站姿。画面正中央的夫妇象征着祖先，右侧男性祖先头戴帽冠，身着绿色长袍，左手持如意，右手拿折扇，扇面上写有“忠孝”二字；左侧女性祖先头戴金色凤冠，身着红色衣袍，慈眉善目。两祖先身后设有“三代宗亲”牌位。画面后方为牌坊，牌坊上悬有“永言孝思”匾额。

在祖先画像的两侧与下方还画有二十四孝图的相关内容，包括丁郎刻木、杨香打虎、接乳奉亲、郭巨埋儿、王祥卧冰求鱼、孟宗哭竹生笋、唐氏乳母、老莱子、董永卖身、鞭打芦花、拾椹奉亲等故事。家堂画借用“二十四孝”故事来宣扬忠孝，表现出当地百姓对于祖先的崇敬、对于孝道的尊崇。

名称 /
三代宗亲
规格 /
长 540mm 宽 490mm
材质 /
纸
地域 /
河北

图为河北武强一带的民间木版家堂画。家堂画整体呈建筑样式。自上而下首先是一对老年夫妇形象，代表祖先。男性祖先身穿绿色长袍，慈眉善目，左手捋胡须，右手持如意；女性祖先头戴金色发冠，身着红色对襟长袍，领周镶有黑色襟边，并点缀金色纹样装饰。祖先上方还悬有“永言忠孝”匾额。祖先画像下方为三尊神主牌，中央神主牌写有“三代宗亲”字样。下方为大门，门前贴有对联，后方设一影壁。

家堂画周围绘有十二个孝行故事，分别为江革逃灾、王祥冰鱼、杨香打虎、老莱子娱亲、唐夫人、吴猛扑蚊、汉文帝奉亲、郭巨埋儿、黄香温席、董永葬父、鞭打芦花、大舜耕田。这些孝行故事均与“二十四孝”图有关，但从画面的表现来看，其中更多地蕴含着当地农民的淳朴态度与务实精神。比如，王祥卧冰求鲤为“二十四孝”故事之一，在武强家堂画中，并没表现王祥赤身躺在冰上的画面，而是让其穿衣手捧鲤鱼站在冰面上。这种画面场景的改变是出于当地百姓的人伦情感，而并非单纯对孝的宣扬。

武强一带家堂画独具地方特色，祭拜家堂画体现了当地民众具有浓厚的家族观念，他们敬重祖先，慎终追远，宣扬忠孝，民德归厚，进而稳固家庭内部关系，强化家族血缘亲情。

名称 /
三代宗亲
规格 /
长 540mm 宽 490mm
材质 /
纸
地域 /
山东

名称 /
三代宗亲
规格 /
长 540mm 宽 490mm
材质 /
纸
地域 /
山东

名称 /
余氏族谱
规格 /
长 190mm 宽 170mm
材质 /
纸
地域 /
安徽

名称 /
余氏族谱
规格 /
长 190mm 宽 170mm
材质 /
纸
地域 /
安徽

名称 /
余氏族谱
规格 /
长 190mm 宽 170mm
材质 /
纸
地域 /
安徽

名称 /
余氏族谱
规格 /
长 190mm 宽 170mm
材质 /
纸
地域 /
安徽

族谱是我国宗法观念的产物。安徽一带自古便是文教发达之地，该地受理学思想与“以仁孝治天下”观念影响，宗法观念浓厚，因而安徽民间盛行编修族谱，百姓认为族谱是记录宗族世系、表现宗族发展脉络与分辨家族内亲疏关系的重要史料典籍。

图为安徽余氏族谱，为雕版单色印刷。余氏族谱大多仅对祖先上半身做细致刻画，试图再现祖先音容笑貌，起到慎终追远的作用。上图是男性老者形象，其头戴暖帽，暖帽指清代冬春时期戴的礼帽，帽形制为圆形，多以缎做顶，以绒、呢等做檐，帽顶还装饰有红缨。人物身着对襟棉衣，对襟是汉服上衣的一种样式，前衣片左右对称，纽扣一般镶于胸前正中位置。

此外，余氏族谱除祖先画像，还将族内宅居地址、坟茔地址、耕地面积等以插图形式表现出来。插图仍采用木版雕刻的形式，刻版线条流畅、做工精致，印出的插图画面精美。可见族谱在记录家族谱系的同时，还从一定程度上反映出当时雕刻艺术的发展情况。

安徽族谱体现的是当地百姓对人生命价值的关注。内容上，族谱承载着宗族间的血缘情感；形式上，族谱体现着安徽人独特的审美眼光与价值观。余氏族谱以线条勾勒人物外形，风格细腻，形象追求写实，通过一幅幅祖先画像，表现出安徽人对历代祖先宗亲的敬仰与怀念之情。

名称 /

余氏族谱

规格 /

长 190mm 宽 170mm

材质 /

纸

地域 /

安徽

名称 /

余氏族谱

规格 /

长 190mm 宽 170mm

材质 /

纸

地域 /

安徽

名称 /

余氏族谱

规格 /

长 190mm 宽 170mm

材质 /

纸

地域 /

安徽

名称 /
廿一世祖牌位
规格 /
长 385mm 宽 290mm
材质 /
木
地域 /
河南

牌位，也可称作“神主”“神像”“版位”“灵位”等。图中牌位造型方正，少底座。正上方书写“廿一世祖”，其中，“廿”表示数目二十的意思，因此，该牌位也可看作“二十一世祖”。牌位中央书写了诸位祖先尊名。比如“考芳声公老大人”，“考”是对上一辈男性长者（即父亲）的美称，“老大人”同样是对男性长者的尊称。又如“妣芳秋胡老孺人”，“妣”是对上一辈女性长者（即母亲）的美称，“老孺人”是对妇人的尊称。在牌位上列出祖先尊名，一方面可以记录家族宗亲的身份，另一方面便于后辈祭拜先祖。

我国古代民众信仰以祖先崇拜为主，十分看重人与“祖灵”的关系，设立牌位是联络生者与逝者的传统方式之一。百姓将牌位视作逝者灵魂，通过祭祀、敬拜牌位，寄托对祖先的哀思与怀念，表达对祖先的诉求，这是我国传统孝道的体现。祭祀家祖也有助于强化家族间的血缘体系，维护社会稳定。

名称 /
木质神主牌
规格 /
长 85mm 宽 42mm 高 230mm
材质 /
木
地域 /
山西

图中神主牌为木质，表面不设雕花，整体简洁大方。

神主牌书写内容十分有讲究，从上至下应书写逝者名讳、生前身份等信息，如“显考 ×（姓）公讳 ××（名）之神主”“显妣 ×（姓）太君之神主”。“显考”是对已故父亲的尊称，“显妣”是对已故母亲的尊称。此外，“神主”的“主”字上方一点须事先空出，另择吉日后再请当地德高望重之人补上一笔，为红色，这一做法被称为“点主”或“题主”。旧时“点主”是一项隆重的礼仪。在神主牌左下方还可写立神主牌之人的名字。

神主牌制作有特殊规定。神主牌由底座、神主前片和神主后片三部分构成，神主牌前片与后片合并起来为一整体，两者可以竖着插进底座中。神主牌各部分的尺寸是固定的，且富有深意。据清代《吾学录初编·卷十七》记载，神主牌一般为栗木制，底座为四寸，象征一年四个季节；高一尺二寸，象征一年十二个月；身宽三十分，象征每月三十天；厚十二分，象征一天十二个时辰。神主牌的制作工艺讲究，传达出我国百姓对生命的敬重。

名称 /
木质神主牌
规格 /
长 82mm 宽 60mm 高 230mm
材质 /
木
地域 /
山西

俗神信仰

名称 /
释迦牟尼
规格 /
长 330mm 宽 260mm 高 570mm
材质 /
泥
地域 /
山东

民间信仰丰富而驳杂，其中对佛教人物形象多有借鉴和应用。释迦牟尼是佛教创始人，民间常称作“如来佛”。姓乔答摩，名悉达多。他出身于印度刹帝利种姓，是古印度北部迦毗罗卫国净饭王的太子。[①]古时民间俗信每年农历四月初八为“佛诞日”，也称“浴佛节”，这日百姓常会举办行像等仪式活动来祭拜释迦牟尼佛。

佛教传入中原后的农耕社会，民间百姓常供奉释迦牟尼，其形象为泥胎彩塑、瓷胎陶塑、平面绘画等等。图中释迦牟尼为泥塑，表面设色。其中，释迦牟尼面部丰满，弯眉薄唇，双耳下垂。螺发施蓝色。螺发指佛祖旋曲如螺纹的头发。因泥塑不易保存，部分螺发已损坏。其身着金袍，袍边点缀红漆。释迦牟尼双手叠合，掌心朝上，放于腹前，结跏趺坐于莲花座上。结跏趺坐是指两脚交叠，右脚盘放于左腿上，左脚盘放于右腿上，两足掌心朝上的坐姿。

① 乌丙安：《中国民间神谱》，辽宁人民出版社，2007，第 298 页。

名称 /

阿弥陀佛

规格 /

长 400mm 宽 550mm

材质 /

纸

地域 /

江苏

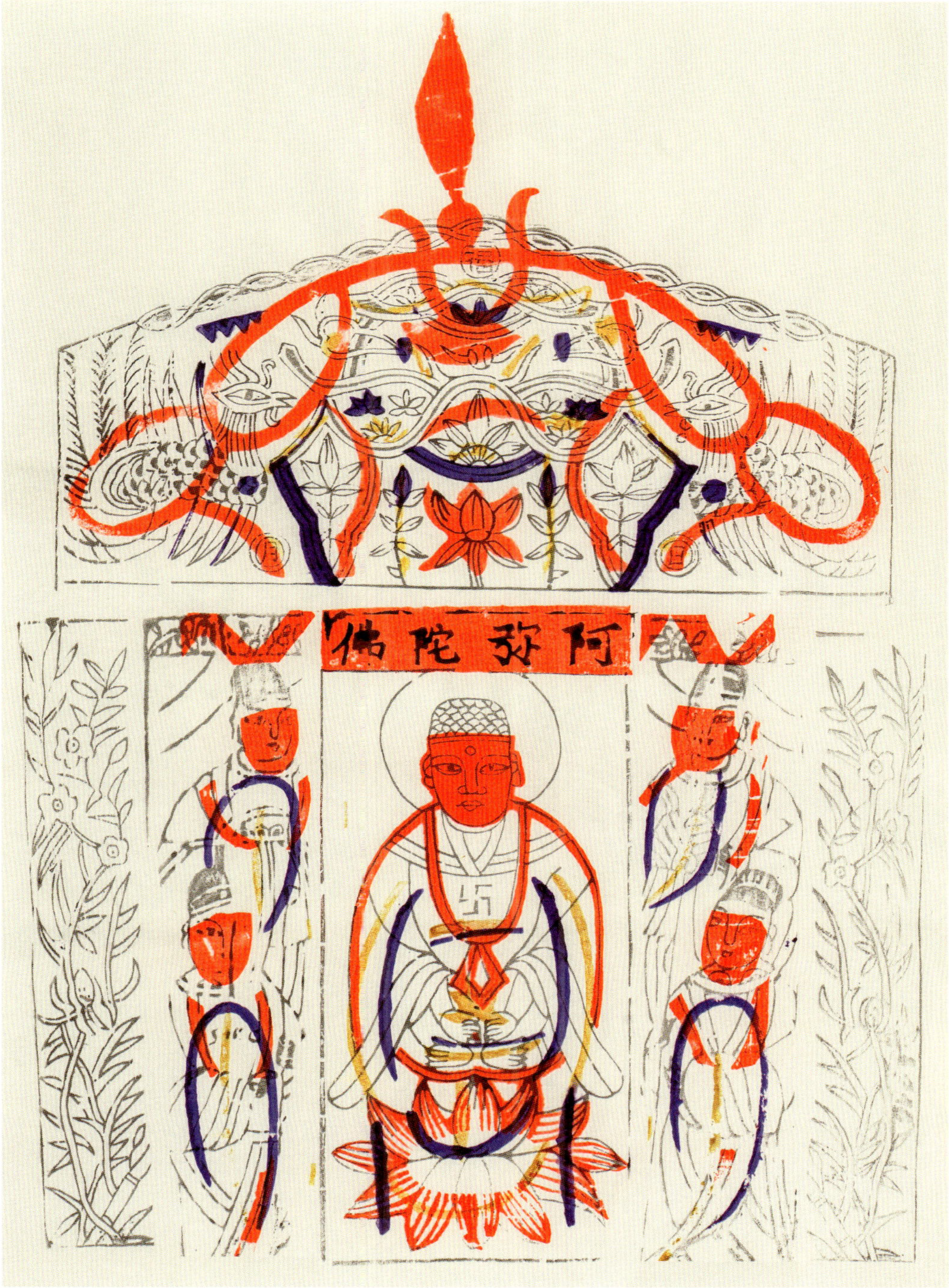

阿弥陀佛神像为雕版印刷，设色。阿弥陀佛位于画面中心，以正面示人。其面部施红色，颈部挂有佛珠，衣袍处点缀紫色、黄色的线条。螺发排列规整均匀，额间有白毫相。白毫相，也称“白毫光”“毫相”，指佛陀眉间白毫发出的清净之光，是佛三十二相之一。阿弥陀佛两侧侍者呈对称分布，均向阿弥陀佛微微侧身站立。在阿弥陀佛与其侍者图像四周还点缀着凤凰、莲花等吉祥纹样，使纸马构图更加饱满。

民间百姓敬重阿弥陀佛，将其塑造成一个亲民近民、乐于助人的形象。百姓也认为好人有好报，常借助关于阿弥陀佛的民间故事教育后代为人忠厚、乐善好施。因此，阿弥陀佛信仰在民间十分广泛，如今还流传着“户户弥陀，家家观音”的说法。

名称 /
弥勒
规格 /
长 220mm 宽 150mm 高 330mm
材质 /
木
地域 /
山东

该木质神像塑造的是弥勒佛形象。弥勒慈眉善目、耳垂宽厚、袒胸露腹，仰天大笑，模样憨态可掬。见人即笑，笑看人生百态正是弥勒所推崇的心态。弥勒的大肚子代表了“量大福大”，也传递出佛教倡导的“包容心”“宽恕心”。

在雕刻技法上，弥勒像采用阴刻、阳刻相结合的手法。比如弥勒面部、衣纹褶皱、手指、脚趾等处采用阴刻技法，即以刀代笔，用刻刀凿去多余木块，使木雕呈现清晰的线条纹理。弥勒腰间所系的绳带则采用阳刻技法，即通过剔除绳带两侧多余部分，凸显出绳带形状。

弥勒是中国民间普遍信仰的一尊佛，汉地佛寺中所供笑口常开的胖弥勒，乃是弥勒化身的五代契此和尚（“布袋和尚”）的形象。[①]民间有传言，若摸到弥勒肚皮，便可消灾除病。五代以来，民间的寺庙常供奉弥勒，民间百姓对于弥勒也有极高的认同感。

① 乌丙安：《中国民间神谱》，辽宁人民出版社，2007，第300页。

名称 /
擦擦
规格 /
长 75mm 宽 15mm 高 80mm
材质 /
泥
地域 /
青海

据文献记载，“擦擦”一词源自古印度方言，是由藏语音译而来，意为“复制”或“真相”。[1]擦擦是指泥制的小佛塔、神佛像或经文持咒图符，作为求福避害之用。常见擦擦有浅浮雕、高浮雕及圆雕之分，皆由模具印制，再脱模晾晒，有的还施以彩绘。

擦擦多流传于民间，人们将其视为祈福禳灾、积攒功德善业的圣物，制作者多为民间工匠或寺庙僧侣，制作完成后，还需请高僧念经开光。供奉擦擦也有规定，一般为装藏用，即一次性封存在佛像或佛塔内部。也会将擦擦放入神殿内供奉，藏族百姓将这类神殿称作“擦康”。擦康一般建在路中央或交叉路口，以供信徒围绕其祷告。[2]

上图为神像类擦擦，刻画三位神祇。上方神祇肩披帛带，结跏趺坐于莲花座上。擦擦下部两位神祇同样结跏趺坐于莲花座上，其面部神情已不易辨认，但佛像身姿于方寸间显灵动，莲座、祥云雕饰和背景图案都表现得十分精细，体现了藏族艺术求真、求美的特征，也能令人感受到藏族百姓对佛教诸神的敬重之情。

① 屈波：《一花一世界：藏传佛教擦擦艺术内涵探赜》，《宗教学研究》2011 年第 2 期。

② 屈波：《一花一世界：藏传佛教擦擦艺术内涵探赜》，《宗教学研究》2011 年第 2 期。

名称 /
藏族大黑天唐卡佛像
规格 /
长 1230mm 宽 1030mm
材质 /
布本设色
地域 /
西藏

“唐卡”一词由藏语音译而来，有时也作“唐喀”“唐嘎”，是指在纸或布面上绘制的佛像，经装裱镶缎，安轴成画，悬挂于佛龛中供奉。[1]唐卡品种繁多，按制作工艺划分，可分为彩绘唐卡、印刷唐卡、织锦唐卡、贴花唐卡和刺绣唐卡等。

上图唐卡绘于布上，中央绘蓝色身大黑天。大黑天是佛教中的护法神。其三眼六臂，龇口獠牙，头戴五骷髅冠，腰系虎皮裙，手捧嘎巴拉碗。大黑天四周设伴神，每位伴神身姿各不相同，描绘得十分细致。

① 冯骥才主编，中国民间文艺家协会编《中国民间文化遗产抢救工程档案 2001—2011·文献卷贰》，宁夏人民教育出版社，2015，第 694 页。

名称 /
藏族唐卡佛像
规格 /
长 1110mm 宽 840mm
材质 /
布本设色
地域 /
西藏

名称 /
观音菩萨
规格 /
长 100mm 宽 55mm 高 145mm
材质 /
泥
地域 /
山东

名称 /
观音菩萨
规格 /
长 130mm 宽 70mm 高 330mm
材质 /
木
地域 /
河南

图中佛像将观音菩萨在菩提树下打坐场景以木雕形式表现出来。观音菩萨头戴宝冠，双目微闭，脸型圆润，表情恬静慈祥。左腿弯曲贴于底座，右腿屈膝竖起，打坐于菩提树下，整体环境与佛像观音菩萨神态姿势十分和谐，产生了一种静谧而神圣的气氛。

观音菩萨也称“观世音”，是民间普遍信仰的神祇。在民间，我国百姓按照自己的喜好与心愿，塑造出许多蕴含民族特点、符合中国民众审美心理的观音形象，比如千手观音、白衣观音、送子观音等等。为观音增加“送子”等功能，体现出百姓对后代子嗣的关切与渴望。

名称 /
观音菩萨
规格 /
长 330mm 宽 240mm 高 630mm
材质 /
泥
地域 /
河南

名称 /
普贤菩萨
规格 /
长 143mm 宽 20mm 高 86mm
材质 /
木
地域 /
安徽

图中神像为木质雕刻品，设色，塑造普贤菩萨形象。神像中，普贤菩萨眼眸低垂，与大象一起将目光投向身旁童子。童子呈作揖状，背靠普贤回头凝视，三者目光交汇于一处。木刻神像呈金色，神像底座有绿色和红色作为点缀，尤其是象牙处，特意用红色勾勒，整体配色协调。

普贤是我国佛教中四大菩萨之一，深受我国百姓的敬重与爱戴。民间俗信认为普贤菩萨可以保佑生活平安顺遂、圆满幸福，因此，民间保留了许多供奉普贤菩萨的庙宇，特别是在峨眉山一带，至今流传着许多关于普贤的神话传说。比如，相传普贤菩萨常在纯阳殿前的石头上休息，百姓就将这块石头命名为“普贤石”，以此来纪念和供奉普贤菩萨。

名称 /
地藏菩萨
规格 /
长 130mm 宽 70mm 高 330mm
材质 /
木
地域 /
安徽

该神像为木质雕刻品，塑造地藏菩萨形象。地藏菩萨头戴宝冠，面庞饱满圆润，打坐于莲花台，施禅定印。禅定印，又称定印，即双手仰置于腹前，二手相叠，拇指指端相接，代表冥想的状态。从雕刻技法上看，该木质神像肌理粗厚，纹饰拙朴，与外部神龛完美地融合为一体。

神像采用圆雕方法，塑造出法相端庄的菩萨形象。圆雕又称“立雕”，是雕塑艺术的一种表现手段，它是指在立体物上雕出不依附任何背景，可以从各种角度欣赏的立体形象。圆雕是一种“运动”的艺术，雕像形态可以随着欣赏者脚步和视线的移动而不断产生变化，给人全方位、多角度的视觉感受。因此，相对于浮雕来讲，圆雕需要艺人考虑、设计物体的上下面、前后面、左右面，对艺人的审美和手艺提出了更高的要求。

名称 /
菩萨
规格 /
长 140mm 宽 90mm 高 270mm
材质 /
木
地域 /
山东

名称 /
木雕贴金神像
规格 /
长 135mm 宽 100mm 高 320mm
材质 /
木
地域 /
山东

该佛像为木质雕刻品，通体贴金漆，面容、衣纹处点缀黑色和红色线条，显示出熠熠生辉的视觉效果。贴金工艺指将金箔贴饰于佛像表面，即制作好神像胎底后，打上黏性物质，再将金箔贴在其上。这样既能保护好佛像胎底，又可增加佛像的神秘感与尊贵感。图中佛像面目清秀，目光直视前方，呈结跏趺坐姿，施禅定印，给人以安定肃穆之感。

佛像背后的镂空设计为“装藏”用。古代塑佛像时，需先在佛像背后留一空洞，由寺院住持、高僧把佛教圣物封到空洞之内，称为“装藏”。[1]如果说木雕艺人塑作神像只是表现其外在形象，那么“装藏”则是为神像注入“灵魂”与“神性”。

① 李建红：《外八庙探微》，中国戏剧出版社，2013，第204页。

名称 /
韦驮
规格 /
长 360mm 宽 200mm
材质 /
纸
地域 /
江苏

韦驮，又名“韦驮天”，世称“韦驮菩萨”，是佛教护法神。相传佛陀涅槃时，一双佛牙被捷疾鬼盗走，后被韦驮追回，自此韦驮名声大噪。韦驮形象于唐朝之后基本定型，多为童子面相，腕承金刚杵或宝剑，身披甲胄。在我国寺庙中，韦驮常起到守卫佛殿的作用。韦驮一般供奉在天王殿内，面对释迦牟尼佛像，背面对应弥勒佛神像。

名称 /
目连尊者
规格 /
长 550mm 宽 400mm
材质 /
纸
地域 /
江苏

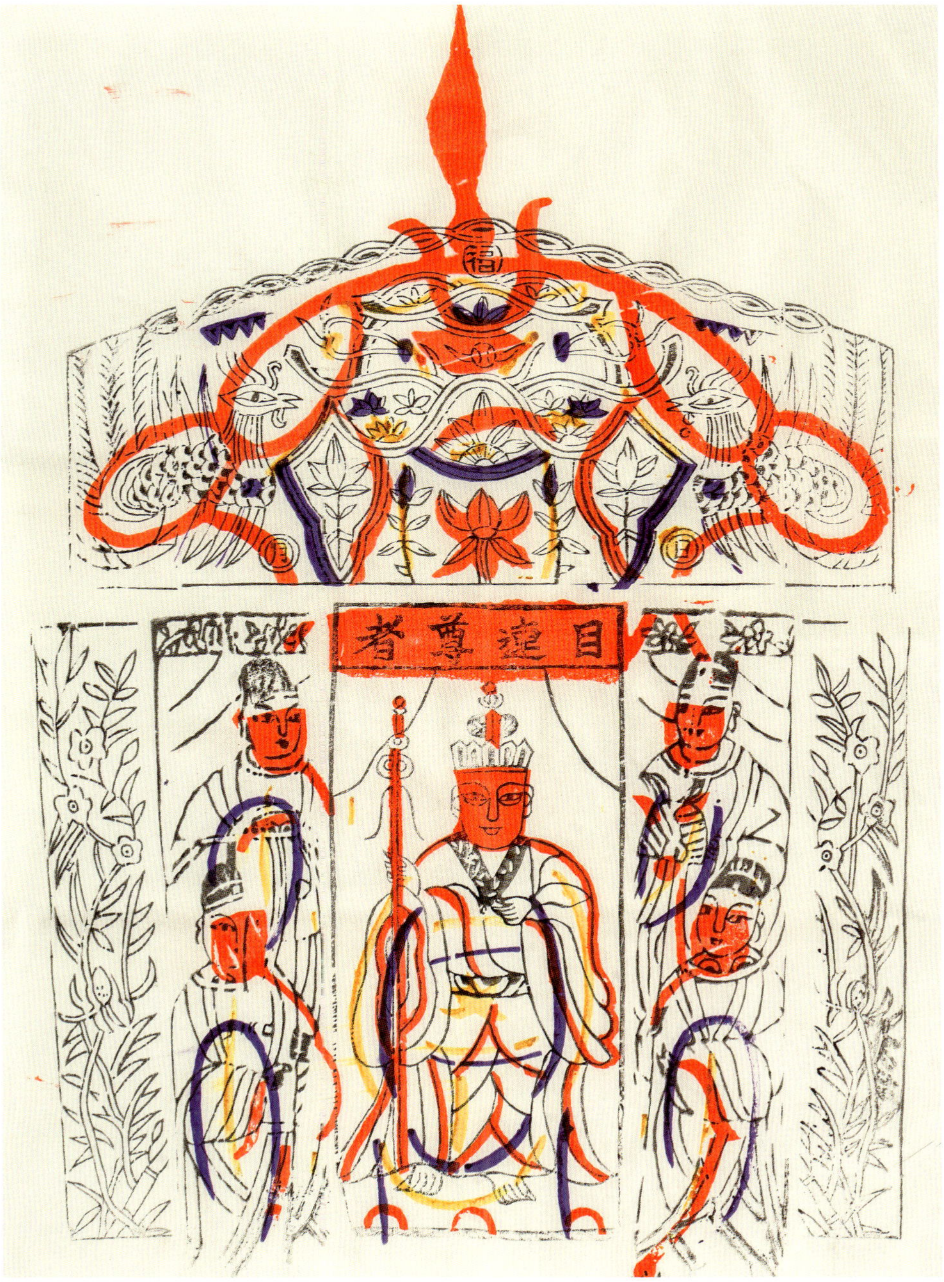

该神像中，目连尊者位于画面中心位置，正面示人，头戴毗卢帽。毗卢帽是一种僧帽样式，上绣毗卢佛像，也称“毗罗帽”。目连尊者颈间有挂珠，身着袈裟，右手拄禅杖，左手掐捻挂珠，赤脚站立。目连尊者两侧有侍者，皆侧身直立。侍者两侧点缀着花草纹样，上方则有凤凰与莲花纹，使构图更加饱满。

目连也称“大目犍连”“摩诃目犍连”，在佛陀众弟子中有“神通第一”的称号。目连辅助佛陀弘法度生，深得佛陀赞许，佛陀曾将目连与舍利弗并称“双贤”。此外，目连尊崇孝道。据记载，目连尊者用神通得知母亲因生前贪念，去世后坠入地狱，每日都要经受苦难，生活悲惨。目连求助佛陀，佛陀授意目连在农历七月十五这日，将百味饮食置于盂兰盆中，供养众僧，可凭慈悲之心救度其母。目连依照佛陀旨意行事，最终使其母亲获救。至此，后世百姓常以此方式为亡灵超度，后来就演变成了“盂兰盆会”。“目连救母”所体现的孝道精神与我国传统道德观念相吻合，有激励民众学善向善的积极作用。

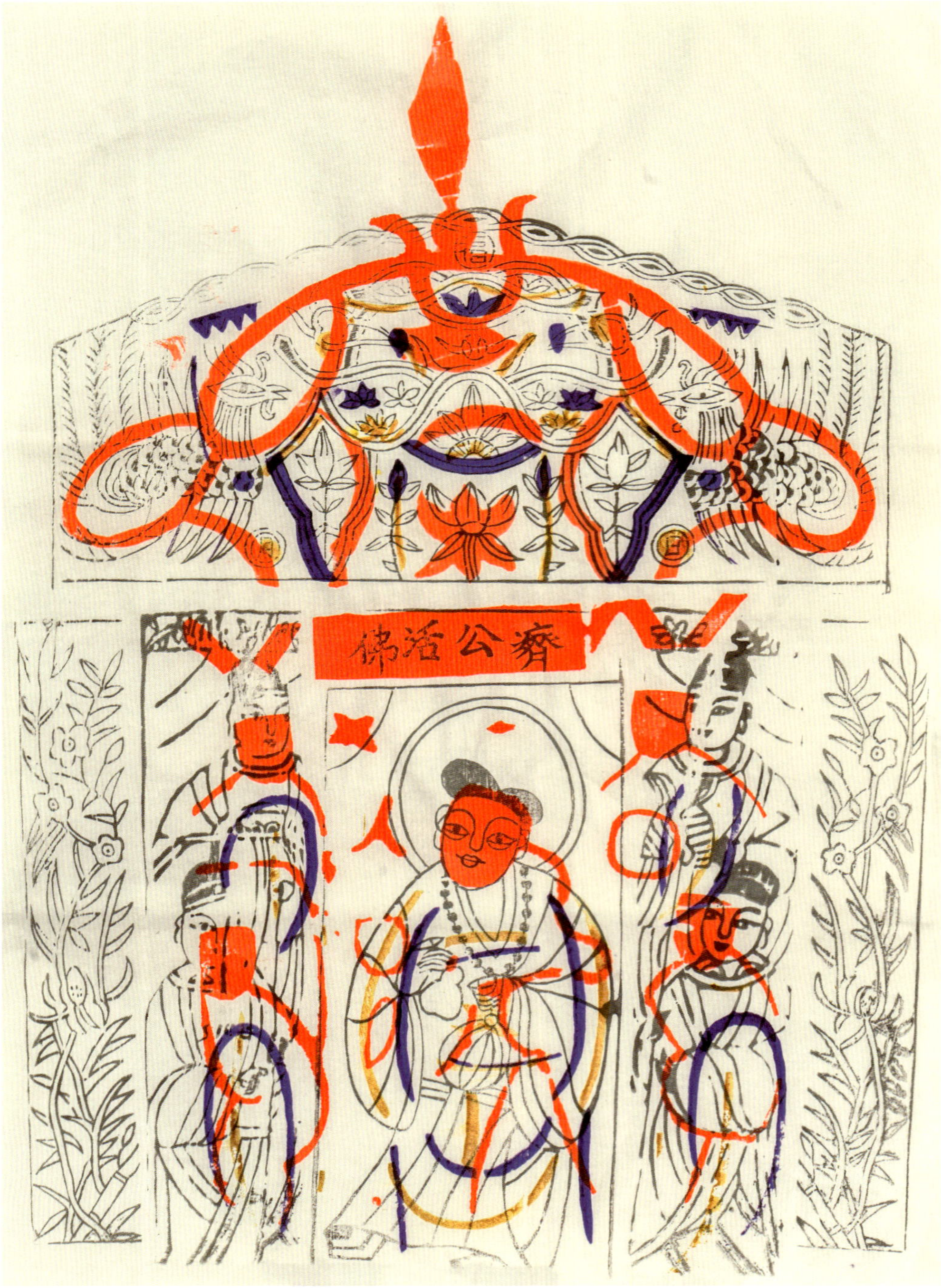

名称 /
济公
规格 /
长 550mm 宽 400mm
材质 /
纸
地域 /
江苏

济公神像为雕版印刷，设色。整张神像构图饱满，济公处于中心位置，以正面示人。济公颈部挂有佛珠，身穿袈裟，袈裟点缀紫色、黄色的线条。济公两侧侍者呈对称分布，向济公微侧身站立。济公形象大于两边侍者，以此突出济公作为主神的身份与地位。此外，济公与其侍者图像四周点缀着草叶、凤凰、莲花等纹样，丰富了画面内容。

据记载，济公是南宋时期的禅宗高僧，法号道济。民间有许多关于济公的传说，如在浙江省天台县一带，流传着济公“戏耍奸佞”“扶危济贫”的故事，杭州一带流传着济公“运木古井”“戏弄秦桧”等脍炙人口的故事。

在民间，济公的形象可谓家喻户晓。相传他言行癫狂、不畏权贵，生活虽落魄，但为人仗义、幽默诙谐，人们称他为“活佛”。到了清代，济公的故事被写成长篇小说，在民间广为流传，使济公形象更加生动。

名称 /
太上老君
规格 /
长 600mm 宽 500mm
材质 /
纸
地域 /
山东

图为山东菏泽神像画，表现太上老君形象。太上老君端坐画面中央，身着道袍，手捧八卦。两侧侍有道童，道童侧身面向太上老君。整幅画像以黄色、蓝色为主，色彩搭配协调柔和，具有清雅古朴的气质。

太上老君，即道教“三清”尊神之一的“太清道德天尊”。民间铁匠将太上老君作为行业神——炉神供奉。过去，百姓常将太上老君神像贴、挂在炉旁，求太上老君保佑免遭火灾，行业兴旺。

名称 /
总坛神画
规格 /
长 1000mm 宽 500mm
材质 /
纸
地域 /
广西

图为瑶族神画。瑶族是我国少数民族之一，现多分布于湖南、广西、广东、云南、贵州一带。瑶族百姓的许多祭祀仪式均需悬挂神画。

图中神画为画轴形式，画轴上方设绳子以供拴挂。待仪式结束，再将神画取下收纳。该神画破损严重，四周皆有缺失，这是由于我国南方地区多雨潮湿，虫鼠众多，神画存储时常出现霉变、虫蛀等情况。再加上神画需反复使用，不断折卷，悬挂神画的墙面又凹凸不平，因此，画像难以保存完整。

图中神画以彩色矿物为颜料，手工绘制七十二位神祇形象。画面按照神祇等级，由上至下，共分九层描绘。每层中央设一位主神，位于画面中轴线位置，左右两侧神祇皆面向中心，呈拜谒状。因神画中神祇数量众多，对其身份的区分、辨认说法不一。有说法为：从上至下，第一层中央为元始天尊，其左依次为道德天尊、星主。其右依次为灵宝天尊、玉皇。其中元始天尊、道德天尊、灵宝天尊以正面示人，星主与玉皇面朝元始天尊，手持玉圭板，做拜谒姿势。第二层中央神祇未知，其左依次为星君、平戥大王与梓潼帝君，其右依次为阎罗判官、仁宗皇帝与紫微大帝。第三层中央为观音，观音左右

的男童女童为金童和玉女。玉女左侧依次为把愿司官、掌印仙官与立印使者，金童右侧依次为上元天官、中元地官与下元水官。第四层神祇名讳不详。第五层中央为雷王，其左依次为长鱼大哥、霹雳使者与风伯，其右依次为雨师、吐水雷王与风婆。第六层中央为潭州李天王，其左依次为三位寨主，最左侧是罗家圣母，其右依次是三位肖家郎，最右侧是罗家圣父。第七层中央为秦十四郎，其左侧依次为鸭老先师、西方白帝、北方黑帝与先师，其右侧依次为鸡老先师、东方青帝、南方赤帝与先师。第八层中央两位神祇为象头山魈与虎头山魈，其余诸神名讳不详。第九层构图略有不同，其神祇皆面向左侧，从右至左依次为天界功曹、水界功曹、地界功曹、阳界功曹，最左侧神祇名讳不详。

该神画画面集道教、佛教与瑶族神灵于一体，体现出瑶族百姓对天下神祇等级的认知，也表现出瑶族人民祈望通过祭拜神灵以求趋利避害、家宅平安的美好愿望。

名称 /
玉皇大帝
规格 /
长 450mm 宽 340mm 高 610mm
材质 /
泥
地域 /
山东

玉皇大帝神像为泥塑，设色。泥塑是指以泥土为原料，手工捏制而成的雕塑艺术品。泥塑与人们生活息息相关，且有着浓郁的地域特色，其中，山东菏泽一带泥塑历史悠久，独具艺术魅力。

图中玉皇大帝头戴十二行珠冠冕旒，因年代久远，神像冕旒数量有较多缺失。他身着九章法服，道袍袖口宽大，袖前镶接蓝色、白色条状接袖，双手持圭板，呈坐姿，一副帝王相。

玉皇大帝神像讲求礼制，形象特征鲜明，如其身着九章法服、手持圭板、头戴十二行珠冠冕旒，体现出玉皇大帝地位的尊崇，以及百姓对玉皇大帝的爱戴。

名称 /
紫微高照
规格 /
长 1330mm 宽 600mm
材质 /
纸
地域 /
四川

民间木版年画除常见刷印彩色的年画外，还有一类以墨色拓印的年画。据说最初是为了给在年节期间服丧的人家使用，避免红红绿绿的色彩，以示哀悼，但一般吉庆的内容不变。后来这类年画为一些文化程度较高的人所赏识，以为素雅文静，也不失新年新气象，便逐渐流传开来。[①] 如图中四川绵竹一带的墨拓年画，绘紫微星化身力士降伏貔貅，空中还有位身着衮冕华服、手持圭板俯视大地的君主。年画上方印有“紫微高照”四字，借此表现驱避凶邪、迎福祈祥的寓意。

紫微大帝是道教“四御”之一，全称为“中天紫微北极太皇大帝”。在道教中，紫微大帝掌管天经地纬，统帅三界星神与山川诸神，也可役使雷电之神，呼风唤雨。因此，紫微大帝历来受到帝王与民众的祭祀与礼敬，民间将每年的农历四月十八日作为紫微大帝的诞辰日，并举办祭祀仪式予以纪念。

① 张道一：《中国拓印画通览》（上册），东南大学出版社，2016，第 99 页。

名称 /
紫微大帝
规格 /
长 550mm 宽 400mm
材质 /
纸
地域 /
江苏

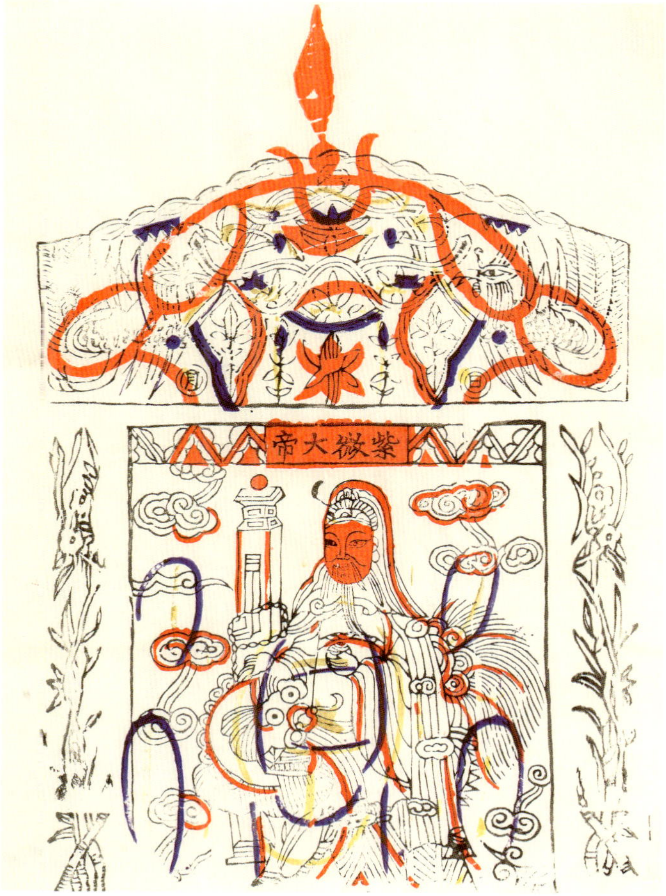

名称 /
日宫
规格 /
长 360mm 宽 200mm
材质 /
纸
地域 /
江苏

名称 /
日宫
规格 /
长 175mm 宽 145mm
材质 /
纸
地域 /
云南

云南大多数地区习惯将民间流传下来的木刻神像画（不包括门画、年画）称为“甲马”或“甲马纸”。在汉族地区最流行的叫法还是“纸马”。[1] 纸马作为祭祀的媒介物，实质上就是印有神祇的木刻版画。百姓通过焚烧纸马的方式来祈福消灾。

图中日宫为雕版单色印刷。纸马正中央是一烈鸟囿于圆中的形象，下面草草几笔象征翻涌的云海，周围点缀祥云图案。纸马上方印“日宫”二字，点明纸马主题。

日神，又称太阳神。早在上古时期，民间就流行尊拜日神，有很多关于日神的传说。日神形象十分丰富，其中，以乌鸦象征太阳最具代表性，所谓“金乌西坠、玉兔东升”便指太阳从西方落下，月亮从东方升起。上图纸马大概就是受这一说法影响，将鸟雀形象藏于圆中，以示日神生活于“宫中”，表达出富有诗意的美好想象，也反映了民间百姓祭祀太阳、天地的虔诚之意。

① 潘鲁生主编《中国民间美术全集·祭祀编·神像卷》，山东教育出版社、山东友谊出版社，1993，第 285 页。

名称 /
月光广寒宫
规格 /
长 150mm 宽 150mm
材质 /
纸
地域 /
云南

图中神像为雕版单色印刷，表现广寒宫景色。上有嫦娥斜倚桂花树边，旁为玉兔，呈站姿，双手扶杵臼，做捣药状。纸马上方印“月光”二字。艺人利用简单的弧形线条塑造出桂花低垂、树叶婆娑、云海翻涌的视觉形象，营造了静谧祥和的月宫氛围。

月神，也称太阴星君、月光娘娘、嫦娥等。民间传说嫦娥因窃食西王母丹药，成为月宫的仙子。在我国民间信仰中，月神有保护女性和婚姻之功能，因此祭拜供奉月神的常以女性为主，她们祈求月神保佑家庭和睦、夫妻恩爱，或祈求自己青春永驻、芳华常在。

如今每年农历八月十五，我国各地仍沿袭着举家团圆，一起吃月饼、赏月的祭月习俗。

名称 /
火德星君
规格 /
长 135mm 宽 125mm
材质 /
纸
地域 /
云南

火与百姓生活息息相关，火可以提供热量，煮熟食物，也可以焚烧、破坏事物，令人畏惧。先民为规避火灾，塑造出火神形象。

图中火德星君为雕版单色印刷，上方印“火德星君”四字。图中火德星君张着嘴巴似有笑意，双手合拢放于胸前，右肩处有一芭蕉扇，整体形象简洁明了。在画面表现上，纸马线条均为直线，形状粗短精练，放射状的线条有火光之感，进而突出火德星君的形象。

在生产力相对落后的原始社会，先民尊崇万物有灵，认为每一颗星宿都是一位神祇，并称其为“星君”。星辰“荧惑”便是火星别名，“荧惑”便是火德星君。民间俗信认为，火德星君掌管人世间火的使用，祭拜火德星君可以预防火灾的发生，因此，火德星君在民间大受尊敬。

名称 /

四方神

规格 /

长 155mm 宽 135mm

材质 /

纸

地域 /

云南

图中四方神为雕版单色印刷。中间印太极八卦图，四周对应东、南、西、北四方位的神祇——西方白帝、北方黑帝、东方青帝、南方赤帝。四方神纸马由红色墨汁印制而成。纸马在印制前，先用紫草（一种植物）和青梅加盐熬制成红色墨汁，再将红色墨汁刷在纸马雕版上，上覆白纸，用刷子在纸上来回摩擦，就可印成有着红色图案的纸马。制作红色墨汁的方式还有很多，比如可以直接研磨赤砂石，使其沉淀后添胶即可。

在道教中，四方神护佑四方平安，因此又被奉为护卫神。旧时百姓运气不顺、财气不通时，便会备好纸马、纸钱，各祭一方，求得四方神灵的护佑，驱走厄运，引进财源。

名称 /
青龙孟章神君
规格 /
长 370mm 宽 300mm 高 1110mm
材质 /
泥
地域 /
山东

青龙孟章神君像为泥塑，设色。其束发，身着战袍，脚蹬战靴，左手执法器于胸前，右手放腰间，尽显武将之威风。神像下方设木质底座，可使神像放置得更加稳固。

青龙孟章神君是我国四方保护神之一。古时，人们将天上的星座分为二十八星宿，后为方便记忆，便把这二十八星宿按东、南、西、北四个区域分为四部分，每部分七宿，用一动物的形象表现，即东方的苍龙象，南方的朱雀象，西方的白虎象，北方的玄武（龟蛇）象，统称为“四象”。之后四象中加入阴阳五行思想，道教兴起后，四象又逐渐发展为人格化形象，并拥有各自封号：青龙称为“孟章神君”，朱雀称为“陵光神君”，白虎称为“监兵神君”，玄武称为“执明神君”。

随着道教中神仙体系的发展与丰富，青龙、白虎被列为道观门神，负责守卫道观山门。宋朝《岳阳风土记》中记载：“老子祠有二神象，所谓青龙、白虎也。”[1]现今一些道观门两侧还会放置青龙孟章神君、白虎监兵神君塑像，以求护佑道观，辟邪挡灾。

① 王兆祥等：《中国神仙传》，山西人民出版社，1992，第87—88页。

名称 /
白虎监兵神君
规格 /
长 260mm 宽 220mm 高 1000mm
材质 /
泥
地域 /
山东

名称 /
真武大帝
规格 /
长 600mm 宽 500mm
材质 /
纸
地域 /
山东

名称 /
真武大帝
规格 /
长 160mm 宽 160mm 高 300mm
材质 /
木
地域 /
山东

真武大帝神像为木质雕刻，设色。真武大帝相貌威严，端坐于赤色宝座上，身披鳞甲，蓝袍加身，蓝袍上绘白色祥云纹样。右脚踩玄蛇，左脚踩灵龟，玄蛇、灵龟伏于蓝色木质底座，衬托出真武大帝的英武气概。

在道教中，真武大帝的职责是镇守北方，被认为是北方的守护神。传说真武大帝的形象为手持宝剑，着金甲玉带，脚踩龟蛇二将，英勇无比。其中，龟为五色灵龟，蛇也是有灵性的玄蛇，古人用灵龟玄蛇来表现阴阳相合的道理。由于灵龟具有长寿的特征，所以人们也把真武大帝称为“司命之神”。明朝之后，全国各地广修真武庙以祭拜真武大帝。

名称 /
北斗七星君
规格 /
长 360mm 宽 200mm
材质 /
纸
地域 /
江苏

北斗七星君为雕版印刷，设色。画面中七位星君头部后方均有头光，束发、头戴帽冠，身着长袍，双手捧圭板。在组合排列上，一位星君位于画面中心，其他六位星君呈对称状分布于两侧，画面构图饱满，布局均匀。

北斗是指在天空北方排列呈斗状的七颗星辰，道教后将北斗纳入神仙体系，并加以神化，北斗成为司命之神。据道书的说法，北斗星君有两种范式，一种是北斗七元星君，分别为北斗阳明贪狼星君、北斗阴精巨门星君、北斗真人禄存星君、北斗玄冥文曲星君、北斗丹元廉贞星君、北斗北极武曲星君、北斗天关破军星君；另一种是北斗九辰星君，即在“七元”基础上再加上北斗洞明左辅星君与北斗隐元右弼星君。

在我国民间信仰中，北斗有掌管庄稼收成、爵禄与寿夭等职能。《重修纬书集成》中就有记载：“斗七星，富贵之官也。其旁二星，主爵禄。其中一星，主寿夭，斗主岁时丰歉。”[①] 因此，北斗七星君在民间信仰中占据着重要地位。

① 乌丙安：《中国民间神谱》，辽宁人民出版社，2007，第 5 页。

名称 /
南斗六星君
规格 /
长 360mm 宽 200mm
材质 /
纸
地域 /
江苏

南斗六星君为雕版印刷，设色。六位星君均头戴帽冠，身着长袍，双手捧圭板。中央两位星君形象大过两侧星君，这种排列使画面布局匀称和谐，不会产生过于拥挤的视觉效昊。在色彩上，常熟纸马以红色、黄色与绿色为主，颜色搭配和谐，分布均匀。

南斗，即二十八宿中的斗宿，由六颗星组成，其位置与北斗相对。东汉时期，道教宣扬“南斗主生、北斗主死”的观念，因而南斗也被认作“延寿司”。南斗被纳入道教体系后，又被神化，成为主司寿命的六位星君。“《上清经》云：南斗六星，第一天府宫，为司命星君；第二天相宫，为司禄星君；第三天梁宫，为延寿星君；第四天同宫，为益算星君；第五天枢宫，为度厄星君；第六天机宫，为上生星君，总称六司星君。”[①]

民间俗信认为南斗六星君主司寿命，地位尊崇。民间多地设有祭坛、南斗庙，以求南斗六星君保佑益寿延年、长命富贵。

① 许地山：《道教史》，中国画报出版社，2013，第 180 页。

名称 /
三官堂
规格 /
长 340mm 宽 200mm
材质 /
纸
地域 /
四川

上图为四川夹江年画，木版套印，上绘三官形象，三官左右两侧题写着“晨昏三叩首，早晚一炉香”，由此可看出民间百姓对三官的虔诚信仰。此外三官下设牌位，其中央写有“天地水府三元三品三官大帝”。牌位四周刻画七位人物形象，他们面朝牌位，呈作揖状。

三官即天官、地官与水官，也称“三官大帝”“三官帝君”等。三官信仰源于东汉张道陵创立的五斗米道，其以天、地、水为三官，并认为三官可以通鬼神，从而可为病人请祷。民间俗信，天官为上元一品赐福天官，也被视作“福神”，地官为中元二品赦罪地官，有掌管五岳帝君与诸地神仙之职能，水官为下品三元解厄水官，有管辖江河神灵之职能。

三官信仰在我国民间尤为普遍，民间俗信认为每年农历正月十五、七月十五与十月十五分别为天、地、水三官诞辰，这三个时间被称为“三元日”，每逢三元日，三官会降临人间，视察民情，为百姓赐福、赦罪、解厄。明代之后各地建有三官庙、三官殿。每逢三元日，百姓皆会举办祭祀仪式，来祭拜三官，以求祈福免灾。

名称 /
天官赐福
规格 /
长 430mm 宽 270mm
材质 /
纸
地域 /
山东

名称 /
雷神
规格 /
长 360mm 宽 200mm
材质 /
纸
地域 /
江苏

上图雷神为雕版印刷，设色。图中雷神以正面示人，头戴红色帽冠，双耳耸立，鼻似鹰钩，身披铠甲，右手持锥，左手持锤，呈站立状。

雷神，也称“雷公”“司雷之神”，其形象常与电母一同出现，是古老的自然神。早在《山海经》中，就有对雷神形象的记载：“雷泽中有雷神，龙身而人头，鼓其腹。在吴西。”[①] 后世百姓提到的雷神，常常指的是掌管雷电的神祇，其形象多为：体型像力士，裸胸袒腹，背插两翅，三眼，足似鹰鹞，左手拿楔，右手执槌，掌管雷电，借助雷电来惩恶扬善。

我国各地多信奉雷神，但在神像塑作方面，带有强烈的地方特色，体现出各地区、各民族独特的艺术风格。

① 《山海经》，郭璞注，毕沅校，上海古籍出版社，1989，第 97 页。

名称 /

雷神

规格 /

长 280mm 宽 190mm

材质 /

纸

地域 /

云南

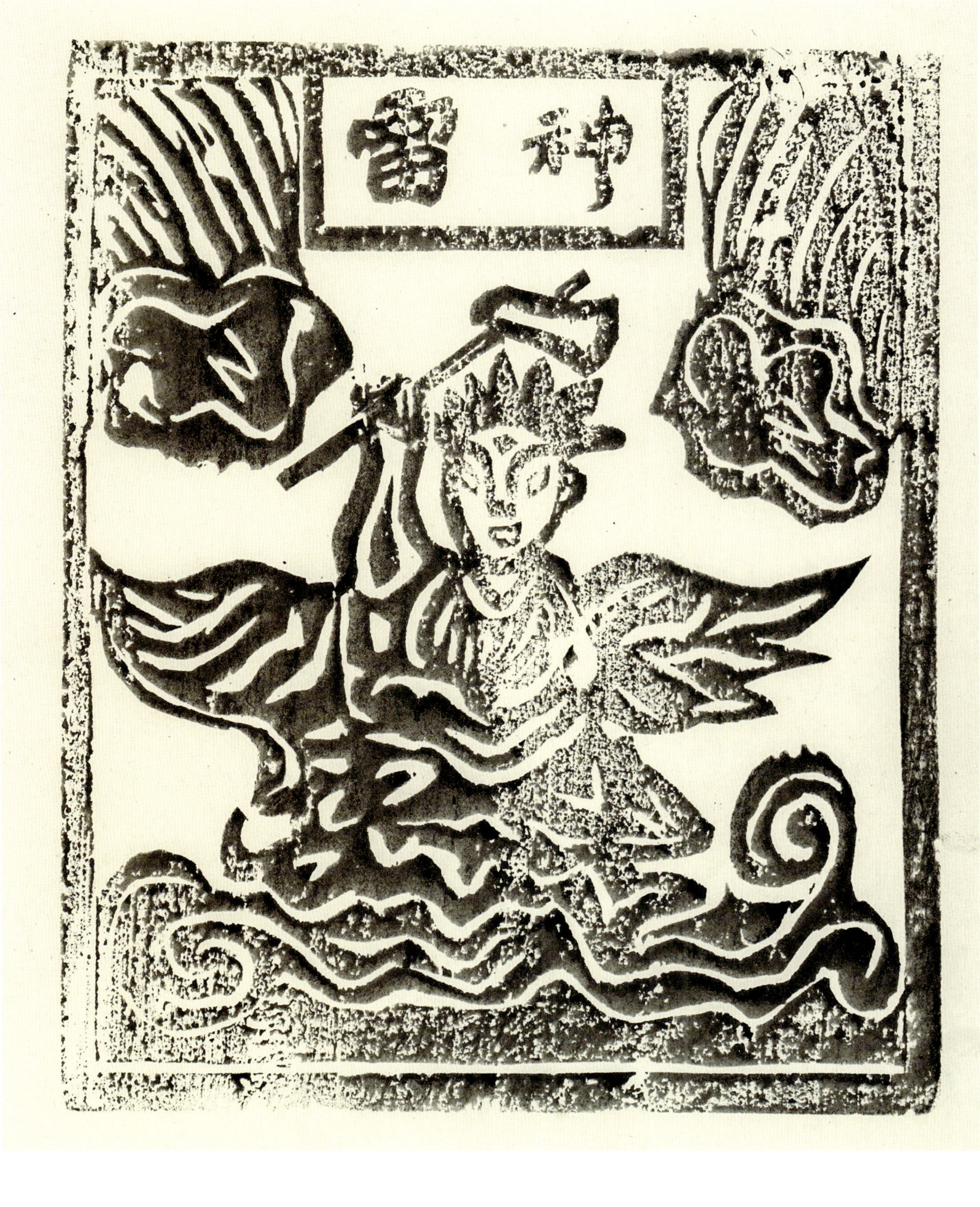

名称 /
电母
规格 /
长 360mm 宽 200mm
材质 /
纸
地域 /
江苏

图中电母为雕版印刷，设色，表现春雨降临时的场景。纸马中，电母头戴帽冠，面部呈红色，双手各执一面镜子，镜子里射出的光线正巧击中地上的蛇，蛇周围激起一团火光。纸马通过对电母、蛇等形象的描绘，展现电母发出闪电的场景，这一方面体现出艺人精湛的绘画技艺，另一方面反映出常熟纸马十分注重艺术与现实生活的结合。

在我国神话传说中，电母常作为雷神的配偶出现。电母，也称“金光圣母”“闪电娘娘”，是掌管闪电的女性神祇。据记载，电母面貌端庄，双手各执一宝镜。

我国民间流传着许多关于雷公电母的故事。相传电母前身是一孝顺的寡妇，一次雷公误将其击死，为了弥补过错，雷公便请求玉帝将冤死的妇人封为电母，以协助雷公。此后每逢雷公打雷前，电母要提前发射闪电，照亮世间，以明善恶，防止错伤好人。

“先有闪电后打雷”之类的自然现象虽早已有了科学解释，但是在生产力尚不发达的古代，人们无法科学地解释这些现象，便发挥想象力，创造出一个个脍炙人口的民间故事，并借助这些故事宣扬孝顺、忠义、善良等传统美德，帮助百姓明辨是非良莠。

名称 /
雨师
规格 /
长 360mm 宽 200mm
材质 /
纸
地域 /
江苏

我国是农业大国，作物生长离不开雨水，因此民间对雨师的祭拜十分普遍，在古代就已形成“天旱祈雨、淫雨止雨”的祭祀仪式。

雨师，即雨神，是主管雨水之神。雨师信仰来源于我国古代神话，但关于雨师身份的说法不一，如毕宿、玄冥等都被视作雨师。除此之外，民间流传最广泛的是雨师赤松子的传说。赤松子也称“赤诵子”，是神农时代掌管雨水的神仙，相传他可以进入火海而不烧坏身体。晋代干宝所著的《搜神记》指出，“如今雨师都起源于他（赤松子）”。后雨师被列入道教体系，成为主司霜雨的神祇。

上图纸马为雕版印刷，设色。画面中雨师头戴黑色道冠，身着长袍，胸前印有八卦图样。右手持旗，呈站姿，旗面上写“雨使”二字，点明神祇身份。该纸马以红色、黄色、绿色为主，画面整体色彩和谐，构图饱满。

名称 /
黑白无常
规格 /
长 600mm 宽 500mm
材质 /
纸
地域 /
山东

民间神像画从技法上分有扑灰、木版彩绘、彩绘与立粉等。图中神像画为彩绘，是山东菏泽曹县一带极具代表性的民间艺术形式。曹县纸本神像画一般尺幅不大，线条流畅细腻，色彩鲜明突出。神像题材多为佛、道诸神，体现当地民众敬神心理，也反映出民众的审美标准。

图中神像画为纸质，绘制黑白无常形象。神像画中，白无常头发散落，眼皮下垂，口吐血红长舌，身着素衣，袒胸露乳，左脚光脚，左手握鞋，右手持勾魂长锁；黑无常则内穿蓝色上衣，绿色长裤，外罩黑色长袍，左手执鞭，右手持令牌。此外，白无常帽子上还写有“一见生财”，黑无常帽子上写有“天下太平”。从色彩来看，该神像画大量运用亮绿、深蓝等色彩，形成强烈对比，表现出菏泽地区独特的民间艺术风格。

名称 /
祝融神君
规格 /
长 490mm 宽 470mm
材质 /
纸
地域 /
山东

图中神像画为纸质，绘制祝融形象。祝融头戴金冠，身着红色长袍，须发均呈朱红色，额间多出一只眼睛。长有六条手臂，两手持剑举过头顶，两手执法器，两手捧圭板放于胸前。虽是文官扮相，但气度非凡。

火神是我国神话中掌管火的神祇。民间信奉的火神形象不一，如有的地区供奉燧人氏为火神，有的地区供奉阏伯为火神，还有的地区供奉祝融为火神。东汉班固编撰的《汉书·五行志》中便有记载："帝喾则有祝融，尧时有阏伯，民赖其德，死则以为火祖。"[①]

传说祝融用火来帮助百姓，惩恶扬善，故深受百姓爱戴，以祝融为原型的火神形象也更深入人心。至今一些地区每年秋后还会祭拜火神祝融，一些与火有关的行业也常奉祝融为保护神。

① 班固：《汉书》，太白文艺出版社，2006，第 166 页。

名称 /
火神
规格 /
长 200mm 宽 145mm
材质 /
纸
地域 /
云南

名称 /
火神
规格 /
长 185mm 宽 120mm
材质 /
纸
地域 /
河北

名称 /
碧霞元君
规格 /
长 600mm 宽 450mm
材质 /
纸
地域 /
山东

名称 /
碧霞元君
规格 /
长 400mm 宽 310mm 高 600mm
材质 /
泥
地域 /
山东

碧霞元君神像为泥塑，设色，底部设木质底座。碧霞元君头绾发髻，手捧圭板，身着蓝色衣袍。两耳挂耳饰，耳饰为铁丝串起的三颗塑料圆珠，这体现出民间艺术就地取材的特点。艺人采用最简单、最日常的原料塑作神像，但神像细节应有尽有，表现得十分细腻。

碧霞元君也称“东岳泰山天仙玉女碧霞元君”，俗称“泰山娘娘”“泰山老母”“泰山奶奶”等等。在我国民间信仰中，碧霞元君有治病救人，保佑婚姻、生育、农耕等职能，一些地区的百姓还将碧霞元君视为儿童保护神，一时间，碧霞元君在民间广受尊崇。因此，民间多地建有祭拜碧霞元君的庙观，其中以泰山碧霞祠最为著名。泰山碧霞祠香客络绎不绝，体现出我国百姓对幸福美满、多子多孙生活的向往与追求。

名称 /
关圣帝君
规格 /
长 470mm 宽 340mm 高 620mm
材质 /
泥
地域 /
山东

图中关圣帝君为泥塑，没色。其头戴帽冠，因时间久远，帽冠部分色漆已经脱落。面部呈红色，双目上吊，唇边与下巴处有成绺胡须。身穿绿色长袍，衣边点缀红色，腰间系有衣带。双腿与肩部同宽，呈坐姿，整体尽显武将气势。

关圣帝君也称“关帝”“关公”，是民间对关羽的尊称。关羽，字云长，汉末三国时期蜀国名将，其生平事迹在西晋陈寿的《三国志》、元末明初罗贯中的《三国演义》中都有记载。尤其在《三国演义》中，关羽集忠、孝、义于一身。关羽去世后，其形象逐渐神化，民间赋予他司命禄、佑科举、镇宅招财、消病除灾、驱邪避恶、诛罚叛逆的正面作用。因此，民间多以关公作为保护神、财神等进行祭祀。

百姓以关羽忠义英武的品质为榜样，对其祭拜供奉，体现出我国民众对忠、孝、义等优秀品格的不断追求，以及对富裕生活的向往。

名称 /
关圣帝君牌位
规格 /
长 330mm 宽 125mm 高 560mm
材质 /
木
地域 /
河南

名称 /
关圣帝君
规格 /
长 1330mm 宽 600mm
材质 /
纸
地域 /
四川

名称 /
关圣帝君
规格 /
长 1060mm 宽 760mm
材质 /
纸
地域 /
江苏

名称 /
文昌帝君
规格 /
长 80mm 宽 40mm 高 195mm
材质 /
木
地域 /
安徽

神像塑造的是文昌帝君，为木质雕刻品。文昌帝君双眉细长，眼睛运用阴刻手法，用凹入的线条来表现，五官未设色。其头戴四方平定巾，身着长袍，左手持书卷放于胸前，双脚下接木质底座。四方平定巾，也称“四角方巾”“方巾”“黑漆方帽”等，是儒士、官员常戴的便帽，明代广为流行。

文昌，又称“文曲星”“文星”，是传说中主宰文运功名之神。民间流传着许多关于文昌帝君的传说。相传文昌帝君姓张，名亚子，晋朝人，为人正直孝顺。他曾用嘴吸取母亲身上的疮毒，并割下自己的肉给母亲食用。后来他战死沙场，当地人供奉他为“梓潼神”。另有传闻梓潼神曾帮助唐玄宗平息战乱，唐玄宗对其十分推崇，渐将其与奎宿六星文昌神合二为一。[①]到了元代，梓潼神正式被封为“文昌帝君”。文昌帝君身旁有两位童子，一位名“天聋”，一位名“地哑”，其含义是科举考试机密绝不会被泄漏。

在我国传统社会，出仕是读书人食官禄、出人头地的唯一选择，因此文昌帝君受到了历朝历代文人大夫的尊崇祭拜。

① 乌丙安：《中国民间神谱》，辽宁人民出版社，2007，第150页。

名称 /
文昌帝君
规格 /
长 270mm 宽 230mm
材质 /
纸
地域 /
山西

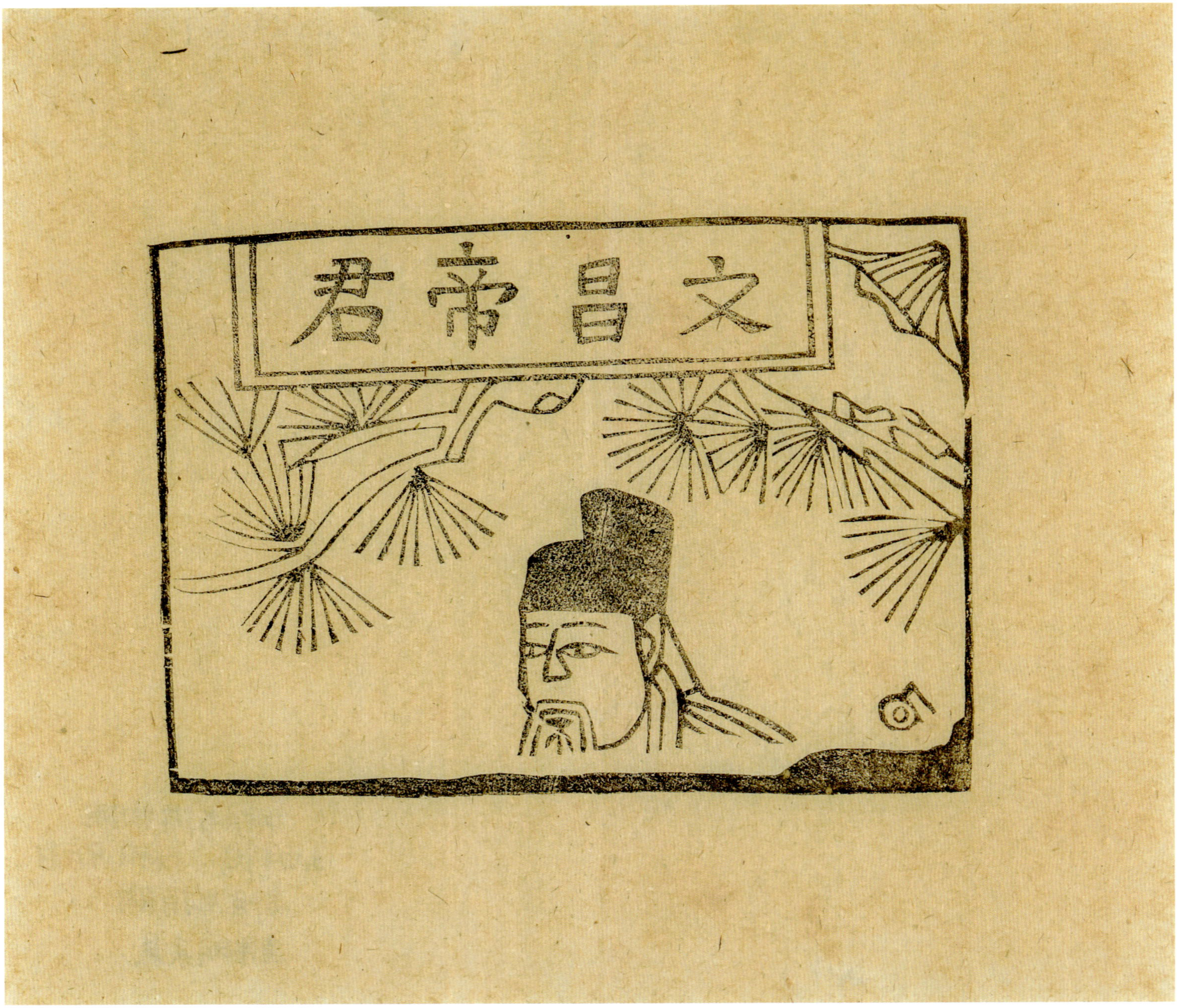

名称 /
岳圣帝君
规格 /
长 660mm 宽 440mm
材质 /
纸
地域 /
四川

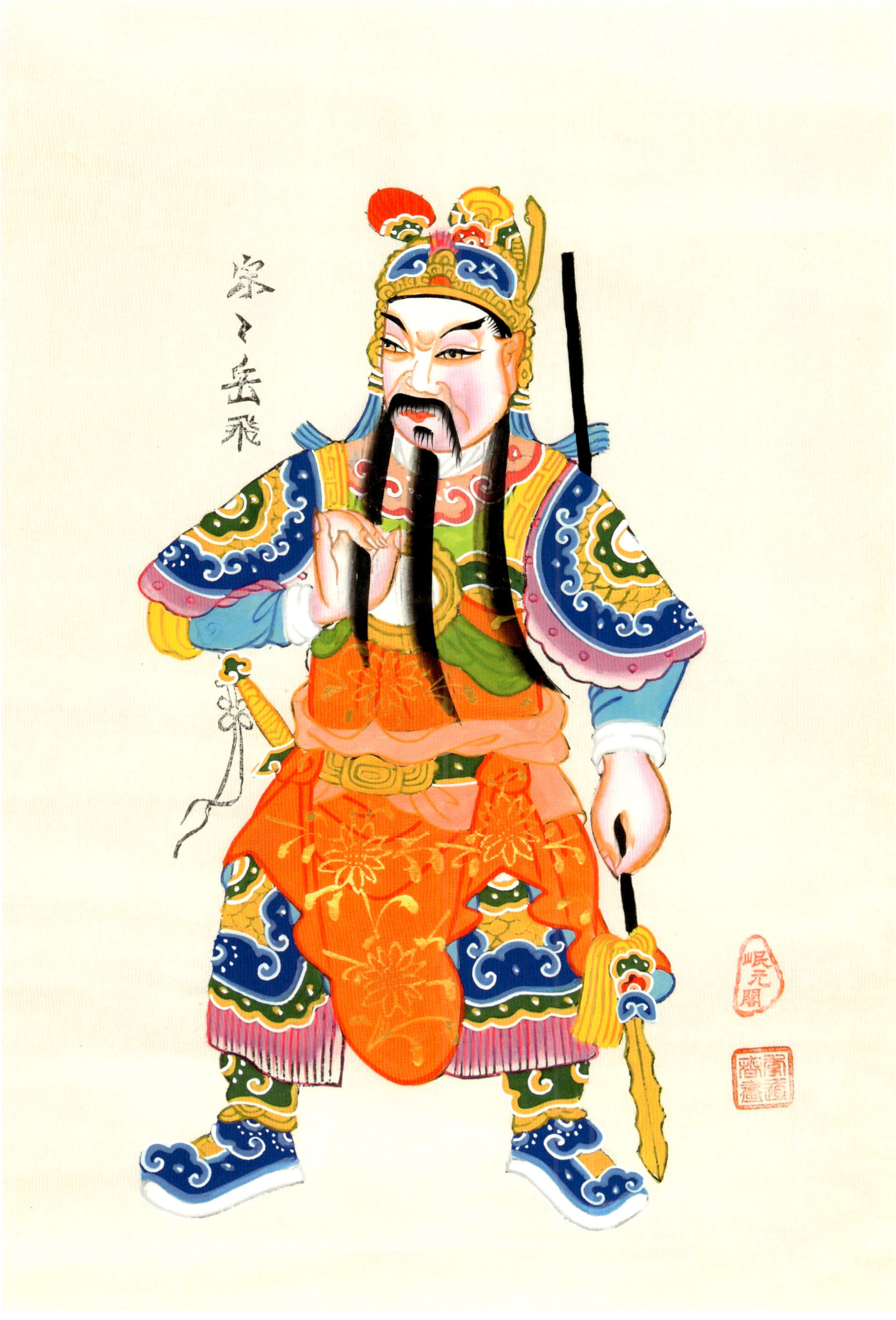

名称 /
岳圣帝君
规格 /
长 230mm 宽 230mm 高 430mm
材质 /
木
地域 /
山西

图中岳飞神像为木质雕刻品，整体鎏金，下接木质底座。岳飞头戴圆顶盖耳帽，帽子后方装饰金色花纹。他身披甲胄，端坐于木座椅，尽显武将风范。木椅椅圈整体呈弧形，扶手处有龙首，座面下方有束腰。下接三弯腿，三弯腿形状圆婉，遒劲有力。

岳飞，南宋抗金将领，著名的军事家、战略家、诗人，是我国的民族英雄。其部队岳家军“冻死不拆屋，饿死不掳掠”[①]，跟随岳飞常年征战，英勇无敌。岳飞所处的南宋政治环境复杂，国家形势严峻，朝野上，岳飞不与奸佞之臣为伍，战场上，岳飞总在民族危难之时挺身而出，抗击侵略。岳飞在艰苦的环境下自励成才，廉洁正直，军事上屡建奇功，文笔上神采飞扬。可惜他一生曲折坎坷，功高被戮，这一历史悲剧使百姓更加敬重这位民族英雄。明清以来不断出现以岳飞为题材的小说、戏剧等艺术作品，民间也广建岳飞庙，百姓常到庙中怀念祭拜岳飞。

① 章人英主编《华夏文明圣火薪传》（第三卷），上海三联书店，2015，第 161 页。

名称 /

托塔李天王

规格 /

长 240mm 宽 150mm 高 90mm

材质 /

泥

地域 /

山东

图中神像塑造的是托塔李天王，神像为泥塑，设色。托塔李天王身着绿袍，右手放于腰间，肩部与腿部衣纹采用浮雕雕刻手法，设金色，一副武将装扮。神像下设底座，以增加稳固性。

托塔李天王即李靖，历史上确有其人。李靖为唐初大将，精通带兵之道，屡立战功。唐代小说《续玄怪录》中记录了李靖代龙行雨一事，可见其当时已被百姓神化。[①]

自唐代始，民间广修“天王堂”供奉托塔李天王。据说两军交战前，只要祭拜托塔李天王，便能得到天王护佑，消灭敌军。这实则是将士希望赢得胜利，借助祭拜托塔李天王增强信心，提升作战能力。明代《封神演义》《西游记》等神话小说都曾记录托塔李天王，使其形象在民间更加深入人心。

① 王兆祥等：《中国神仙传》，山西人民出版社，1992，第 147 页。

名称 /
武财神赵公明
规格 /
长 110mm 宽 90mm 高 230mm
材质 /
木
地域 /
安徽

名称 /
武财神赵公明
规格 /
长 450mm 宽 340mm 高 640mm
材质 /
泥
地域 /
山东

该神像塑造的是赵公明，神像为泥塑。赵公明头顶帽冠，帽檐正前方装饰一红色绒球。他满颊浓髯，须眉皆为红色。右手高举钢鞭于头顶，左手架于胸前。两腿膝盖处装饰虎纹，虎纹运用浅浮雕技法，使所刻纹饰凸显出来，这种手法刻制的纹饰流畅委婉，凸出的虎纹为神像平添了几分气势。

相传赵公明原名赵朗，字公明。汉代时拜张天师为师，骑黑虎看守炼丹房。后赵公明服食丹药，得以成仙，自此守护道教的斋坛——玄坛。赵公明因此被天帝封为“正一玄坛赵元帅”，故民间也称赵公明为“赵玄坛”。在明代小说《封神演义》中，赵公明武艺高强，常一手持鞭，身骑黑虎，被姜子牙封为“金龙如意正一龙虎玄坛真君”[1]。此后赵公明统领招宝、纳珍、招财、利市四位神仙，负责掌管迎祥纳福、商贾买卖等事务。因此，民间便奉赵公明为“武财神”。

民间俗信认为，供奉武财神可起到招财进宝、护佑平安的作用，这体现出我国劳动人民对衣食无忧、幸福平安生活的追求。

① 徐彻、李焱：《道界百仙》，上海三联书店，2019，第 187 页。

名称 /
武财神赵公明
规格 /
长 95mm 宽 95mm 高 280mm
材质 /
木
地域 /
山东

名称 /
武财神赵公明
规格 /
长 710mm 宽 410mm
材质 /
纸
地域 /
湖北

名称 /
武财神赵公明
规格 /
长 200mm 宽 360mm
材质 /
纸
地域 /
江苏

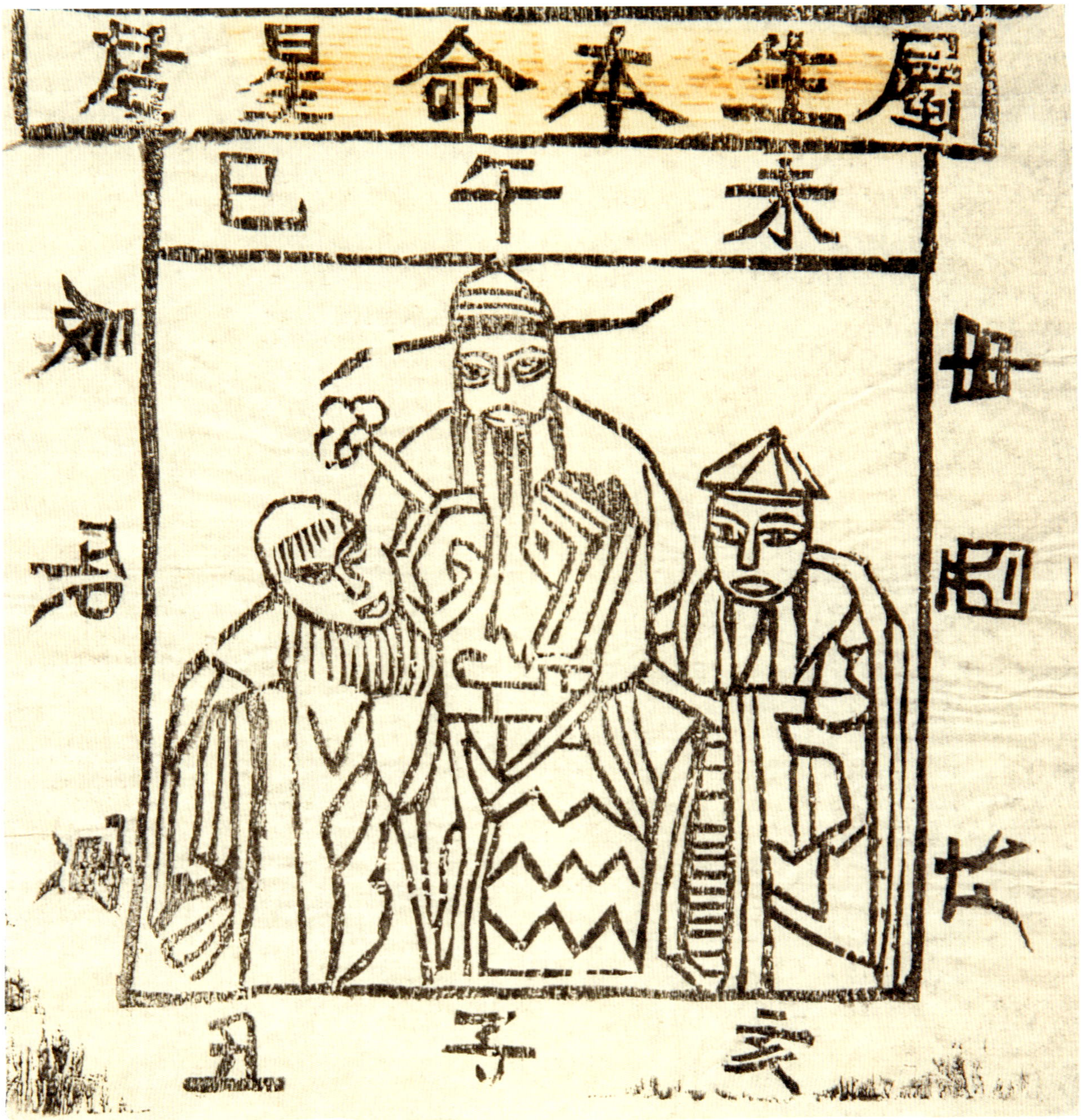

名称 /
本命星君
规格 /
长 160mm 宽 155mm
材质 /
纸
地域 /
云南

图中本命星君纸马为雕版单色印刷，绘有星君与侍从形象。因“本命星君”多与我国古代星相学有关，所以纸马四周印有“子、丑、寅、卯、辰、巳、午、未、申、酉、戌、亥”十二地支，以便百姓祭拜。整体来看，纸马将图像放于画面中心，四周印绘文字，构图和谐；仅以线条表现人物外形，以拙见巧，风格朴素。

据我国古代星相学解释，世间每个人都是天上星星下凡。平时世人忙于生计，无暇关心属于自己的那颗星星，便由星君负责管理。人们只需多祭拜星君，便可消灾解难，好运连连。民间还传说，人在本命年常会有生病、破财等不详之事，为避免诸类事情，本命年皆需祭拜本命星君，请星君保佑平安健康，逢凶化吉。因此，本命星君形象常常出现于年画、纸马中。

名称 /
值年太岁
规格 /
长 155mm 宽 135mm
材质 /
纸
地域 /
云南

图中值年太岁纸马为雕版单色印刷。画面中，值年太岁形象概括简练，朴拙生动。值年太岁手握兵器，脚边绘制一羊首。画面左上方印有“值年太岁”四字做解释说明。

太岁也称“岁星”“岁神”，民间多将其视为凶神。“太岁”说法源于中国古时的干支纪年法，即十个天干和十二个地支循环相配，一共有六十对，又称“六十甲子”，以此纪年。“太岁”即按岁轮值的神祇，每位太岁轮值当年便称“值年太岁”。古人认为，太岁有方位，太岁所在的方向为凶方，由此演化出诸多民间禁忌，例如忌兴土木、迁徙、嫁娶等。①

对于值年太岁，民间有很多说法。比如，一般民间动土，需要提前选好吉日，以免“在太岁头上动土”，惹来大祸；又因太岁有管理土地的职能，百姓修建新屋、为逝者掘墓叠坟，需焚烧印有值年太岁的纸马，以求得到允准；日常的生意买卖、农作耕耘，也要焚烧值年太岁纸马，以求得太岁护佑。

① 乌丙安：《中国民间神谱》，辽宁人民出版社，2007，第 256 页。

名称 /
王灵官
规格 /
长 440mm 宽 360mm 高 600mm
材质 /
泥
地域 /
山东

上图泥塑塑造的是王灵官，设色。王灵官束发，身着盔甲，脚蹬战靴，右手高举，左手放于腿部。王灵官胸前盔甲装饰虎头纹样，为神像增添了威风凛凛的气势。

王灵官也称“隆恩真君”“豁落灵官”等，是道教护法神将。民间有很多关于王灵官身世的传说。其中一种说法是这样的：古时百姓用童男童女活祭王灵官庙宇，恰好被萨真人发现，萨真人一怒之下焚烧了庙宇。之后萨真人云游四方，救济百姓。一次在江边洗手时，萨真人发现水中有一执钢鞭、持火轮的神将，即王灵官。萨真人盘问之下才知，王灵官被焚烧庙宇后，一直跟随萨真人十余年，深知萨真人道行高深，乐善好施，决心追随萨真人。萨真人遂收此徒。之后萨真人获赐封，王灵官也成了护法神。

相传王灵官疾恶如仇、惩恶扬善，深受民间百姓爱戴。尤其是明清之后，各地纷纷建造灵官庙、灵官殿，以祭拜王灵官。

名称 /
上八仙
规格 /
长 390mm 宽 315mm
材质 /
纸
地域 /
山东

图为山东郓城一带的彩绘神像画，八幅为一组，描绘鲁西南百姓信奉的上八仙形象。画面形象从左至右、从上至下依次为老子天尊、南极星、孙悟空、姜子牙、广成子、杨二郎、孙膑与哪吒。其中，老子天尊背剑持如意，胯下为麒麟。南极星即寿星，其额头凸起，一手持仙桃，一手扶蟠龙拐杖，身骑神鹿。民间常将寿星与福星、禄星并称为“福禄寿”三星，认为其有保佑百姓长寿吉祥之能。孙悟空一手执金箍棒，一手持仙桃，为大众熟知的猴王形象。姜子牙则持令旗，骑“四不像”。广成子双手捧方印，身骑雄狮。杨二郎即杨戬，在《封神演义》《西游记》等小说中，杨戬形象生动，深入人心，因而进入上八仙之列。孙膑为齐国著名军事家，著有《孙膑兵法》，庞涓嫉妒孙膑才能，将其诓至魏国，斩去其双足。孙膑从此无法行走，便用动物之皮裹住残足，由此发明了靴鞋，后人因此将孙膑奉为靴鞋业祖师。哪吒则手持乾坤圈，脚踩风火轮，身绕混天绫，呈腾云驾雾之姿。

该套神仙画线条细腻，晕染柔和，整体风格统一。八位神祇姿势各异，特征鲜明，使人一目了然。

名称 /
八仙
规格 /
长 310mm 宽 230mm
材质 /
纸
地域 /
山东

上图年画采用雕版印刷，设色。画面中央为八仙形象，对称分布。上层从左至右依次为手持荷花的何仙姑、手持渔鼓的张果老、手持笛子的韩湘子与手持花篮的蓝采和；下层从左至右依次为瘸腿的铁拐李、持团扇的钟离权、吕洞宾、持玉板的曹国舅。画面整体造型古朴，人物表现较为抽象，主要以八位仙人所持法器来区分身份，比如手持团扇者为钟离权，持荷花者为何仙姑，持花篮者为蓝采和，等等。民间将这种通过法器暗指仙人的表现手法称为“暗八仙”。

八仙分别指铁拐李、钟离权、张果老、吕洞宾、何仙姑、蓝采和、韩湘子和曹国舅，原为民间崇奉的八位神仙，后来被道教纳入神仙体系中，成为八位仙人群体的总称。[①] 我国民间，很多传说都与这八位仙人有关，其中既包括八人各自得道成仙的故事，也包括八位仙人一同行动的传说，如大众熟知的“八仙过海”。

① 乌丙安：《中国民间神谱》，辽宁人民出版社，2007，第 264 页。

名称 /

八仙

规格 /

长 460mm 宽 345mm

材质 /

纸

地域 /

山西

名称 /
东岳大帝
规格 /
长 360mm 宽 200mm
材质 /
纸
地域 /
江苏

图中东岳大帝为雕版印刷，设色。其戴帽冠，着长袍，双袖袖口处绘禽鸟图案。两侧有侍从，二者微微侧身，形象远远小于东岳大帝，这种表现手法突出了东岳大帝的身份地位。

东岳泰山为五岳之首。古时，泰山常有帝王举办封禅、祭祀等仪式。所谓封禅，指帝王亲自登上泰山以祭祀天地。唐宋时期，泰山神得到帝王推崇，被封作东岳大帝。民间俗信，东岳大帝主司人间生死贵贱。南朝《后汉书》记载："乌桓人死，则神灵归于赤山，中国人死，则魂归于岱山（即泰山）。"[①]

① 杨亮才主编《中国民间文艺辞典》，甘肃人民出版社，1989，第 85—86 页。

名称 /

石将军

规格 /

长 360mm 宽 200mm

材质 /

纸

地域 /

江苏

名称／
城隍
规格／
长 620mm 宽 380mm
材质／
纸
地域／
广东

上图为佛山木版年画，设色。城隍神位于画面中央，手持玉圭板，身穿红色长袍，袍间点缀金色描线勾花。身后两侍从，均侧脸朝向城隍神站立。年画以红、绿、黄为主要色彩，并以金、银等亮丽颜色点缀勾画，色彩对比强烈，富于装饰效果。

城隍神是专职保护城镇的神祇。古时百姓常将社会安定、风调雨顺归功于城隍神的庇佑。同时，城隍神是廉洁公正的代表，明清时期，礼法规定每有新官上任，都需去当地城隍庙祭拜城隍神，并做出保证，今后若不安于职守，便会受到当地城隍神的惩罚，从而对地方官吏形成威慑。此外，一些地区将城隍神视作冥界官员，认为其有管理亡灵、惩治恶鬼的职能。因此古时每逢清明节、农历七月十五等日期，百姓均会请城隍神出巡，安抚野鬼，震慑厉鬼。

城隍神作为城池的守护神深受百姓的爱戴，因此，城隍神的形象常出现在年画中。百姓通过举行祭拜仪式，祈求公正廉洁的城隍神保佑当地民众平安健康。

名称 /
显应城隍
规格 /
长 550mm 宽 400mm
材质 /
纸
地域 /
江苏

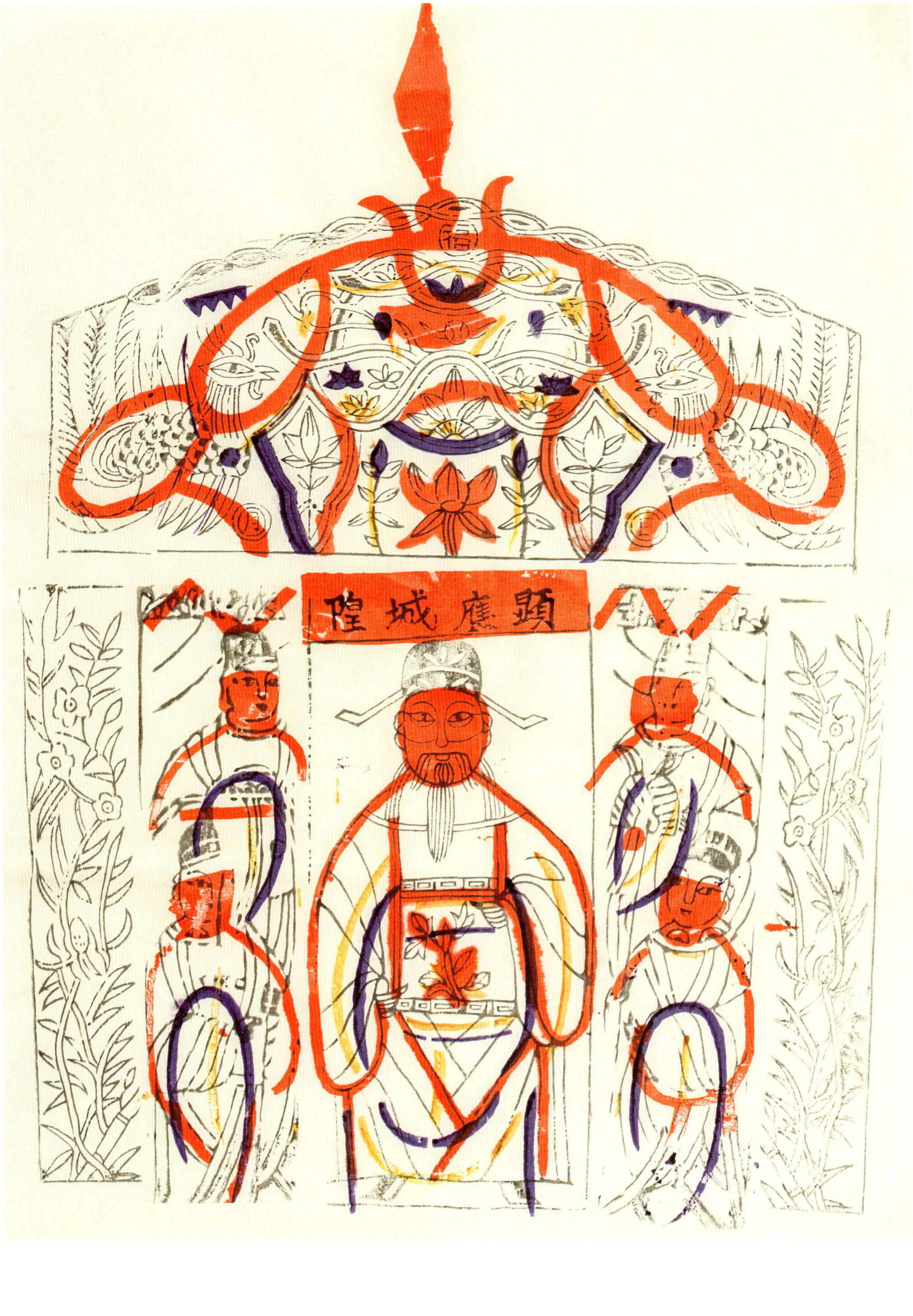

名称 /
土地神
规格 /
长 600mm 宽 500mm
材质 /
纸
地域 /
山东

上图神像画中，土地神居于中心，头戴黑色帽冠，须发皆白，面容和蔼。土地神身着棕色长袍，手持龙头拐杖。土地神右侧为夜叉，其头发、眉毛均为红色，眼睛上吊，炯炯有神。皮肤为蓝色，赤裸上身。左侧则是一位古时官员，其头戴乌纱帽，手捧玉圭板，身着蓝色衣袍，面带笑意，上身前倾，作拱手礼。整幅神像画色彩饱满，线条细腻，人物形象鲜明突出，将山东曹县地区的绘画风格完美地体现出来。

土地神又名“土地真君”“土地爷”，民间俗信认为土地神掌管一方土地，是乡土保护神。土地神大多无名无姓，被供奉于各地村中或土地庙中，其形象是一慈眉善目、和蔼可亲的老者，因此百姓对其多敬重而不畏惧。

每逢农历二月二日，民间各地基本都会举办祭祀土地神的仪式，求土地神保佑来年庄稼能有一个好收成。

名称 /
土地神
规格 /
长 320mm 宽 240mm
材质 /
纸
地域 /
陕西

名称 /
土地神
规格 /
长 260mm 宽 180mm
材质 /
纸
地域 /
陕西

名称 /
土地神
规格 /
长 270mm 宽 190mm
材质 /
纸
地域 /
山西

名称 /
土地神
规格 /
长 180mm 宽 95mm
材质 /
纸
地域 /
河北

名称 /
龙王
规格 /
长 460mm 宽 330mm 高 580mm
材质 /
泥
地域 /
山东

图中龙王神像为泥塑，设色。龙王头戴帽巾，帽顶两侧装饰水波纹样。龙王双眉上挑，赤面红唇，身穿宽袖长袍，双手捧圭板，端坐在木质座椅上。

龙是古人幻想出的祥瑞动物。东汉《说文解字》记载："龙，鳞虫之长，能幽能明，能细能巨，能短能长，春分而登天，秋分而潜渊。"[①]我国民间传说中，龙常被赋予治水、降雨之职能，于是，龙被神格化之后，便有了龙王这一形象。宋代《太平广记》中就有关于龙王的记载，明代吴承恩的章回体长篇小说《西游记》也记载了许多有关龙王的故事。比如，龙王掌管众多虾兵蟹将、龙子龙孙，有降雨治水之神力，甚至孙悟空手中的金箍棒是龙宫的定海神针。《西游记》在民间广为流传，也让龙王这一形象家喻户晓、妇孺皆知。

龙王被纳入道教体系后，被赋予掌管一方的水旱丰歉之职能。因此，在我国民间，尤其是沿海地区，若出现水旱灾害，百姓会到龙王庙祭拜龙王，以求龙王护佑。

① 许慎：《说文解字》，中华书局，1963，第 245 页。

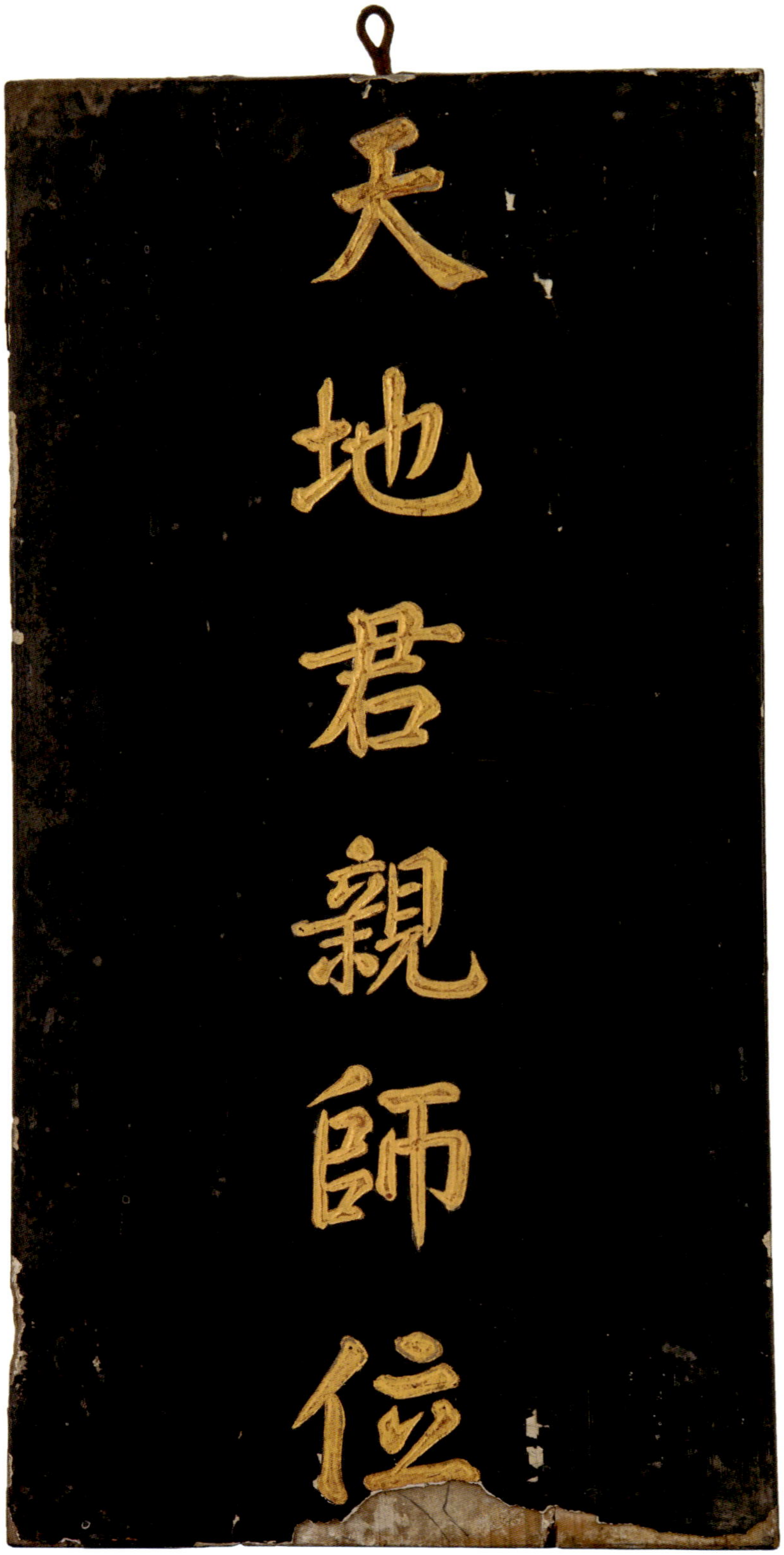

名称 /
天地君亲师位
规格 /
长 120mm 宽 220mm 高 430mm
材质 /
木
地域 /
湖南

图中牌位呈长方形，整体设黑漆，上端置一铁环，可做悬挂用。牌位正面刻有“天地君亲师位”繁体文字，设金色。

“天地君亲师”思想发端于《国语》，形成于《荀子》，在西汉思想界和学术界颇为流行。吴虞在《读〈荀子〉书后》中写道：“其《礼论》篇曰，礼有三本：天地者，生之本也；先祖者，类之本也；君师者，治之本也。……此实吾国‘天地君亲师’五字牌之所由立。”[1]

“天地君亲师”思想受我国传统社会伦理道德影响而形成，对百姓物质生活和精神生活都产生了深远影响。百姓祭拜“天地君亲师”牌位，充分体现出我国民众敬天祭地、尊君孝亲、敬重师长的价值取向。

① 吴虞：《吴虞文录》，黄山书社，2008，第 44 页。

名称 /
天地君亲师位
规格 /
长 220mm 宽 120mm 高 500mm
材质 /
木
地域 /
山东

名称 /
万代师表
规格 /
长 1390mm 宽 695mm
材质 /
纸
地域 /
山东

图中年画采用高密扑灰墨屏的表现手法。孔子位于画面中央，头戴十二行珠冕旒，手持玉圭板。孔子身前牌位上写着“至圣先师神位”。供桌前绘有麒麟。相传孔子出生时，其家乡出现麒麟，之后民间便将孔子比作麒麟。孔子身旁围绕颜子、曾子、子思与孟子。[①]整幅年画以墨色为主，设色浓淡相宜，画风典雅古朴。

这类年画主要用来祭拜我国伟大思想家孔子。孔子，名丘，字仲尼，春秋时期鲁国人，是我国伟大的教育家、思想家，儒家学派创始人。孔子一生从事教育事业，相传有三千多位弟子。旧时教育以私塾为主，书生科举考试前多祭拜孔子。届时，需张贴《万代师表》孔子像，供桌上摆放四书五经及甜瓜，寓意请孔子赐予智慧，以求苦尽甘来，享有丰硕成果。此外，民间说书业从业人员还常将孔子作为祖师爷来祭拜。古时说书业的从业人员认为本行业属于儒家，因此多祭奉孔子。

① 王海霞主编《中国古版年画珍本·山东卷·下》，湖北美术出版社，2015，第7页。

名称 /
保家神
规格 /
长 910mm 宽 480mm
材质 /
纸
地域 /
山东

图中神像画为鲁西南一带的保家神。画面描绘了四位神祇，分三层。其中，最上层为释迦牟尼，合掌结跏趺坐于莲花座上。释迦牟尼两侧有侍者，皆面向佛祖侧身站立，合掌作揖。下方分别为观音菩萨、白衣奶奶与泰山娘娘。

当地艺人将佛教神像、道教神像绘于同一画面，体现出民间百姓信仰具有多样性、多重性与多功利性。正如民间俗信观音菩萨、白衣奶奶和泰山娘娘皆有送子、保佑孩童之职能，因此，百姓将其列入保家神之列，寓意保佑家宅平安、人丁兴旺。

此外，各地保家神信仰略有不同，如山东也有地区将关圣帝君、增福财神、南海观音与龙王四位神祇列为保家神，百姓日常敬奉这些神祇，以求保家神护佑平安、除病消灾。

名称 /
天地三界十方万灵真宰牌位
规格 /
长 290mm 宽 140mm 高 700mm
材质 /
木
地域 /
山西

天地三界十方万灵真宰牌位为木质，整体造型繁复，花样雅致精巧。上方刻有祥云，两侧为瑞兽雕花，雕刻纹样以阴刻与镂空等形式表现。牌位下方设底座，底座中央刻有花朵图案，以金漆修饰。

牌位正中央书写“天地三界十方万灵真宰”。所谓天地三界，即天界、地界与水界；十方，即上方、下方、东方、南方、西方、北方、东南方、西南方、东北方与西北方十个方位；万灵真宰，即主宰万事万物的芸芸众神。天地三界十方万灵真宰牌位体现出我国民间信仰兼容并包的特点。在民众心目中，神无处不在，无时不有，无论是衣、食、住、行，还是婚、丧、嫁、娶，都有神祇各司其职：求雨祭龙王、雷神，求子祭生育神，从商者祭财神，求学者祭文昌，农民祭田公田母，打猎者祭猎神，外出行路祭路神……所以民间百姓大多不会只拜一神，他们广祀天下众神人仙翁，并借助一些复杂的仪式，完成对神祇的祭拜，希冀这些神祇能够全方位地护佑家人生活。

名称 /
天地全神
规格 /
长 540mm 宽 350mm
材质 /
纸
地域 /
山东

名称 /
天地三界十方万灵真宰
规格 /
长 270mm 宽 190mm
材质 /
纸
地域 /
山西

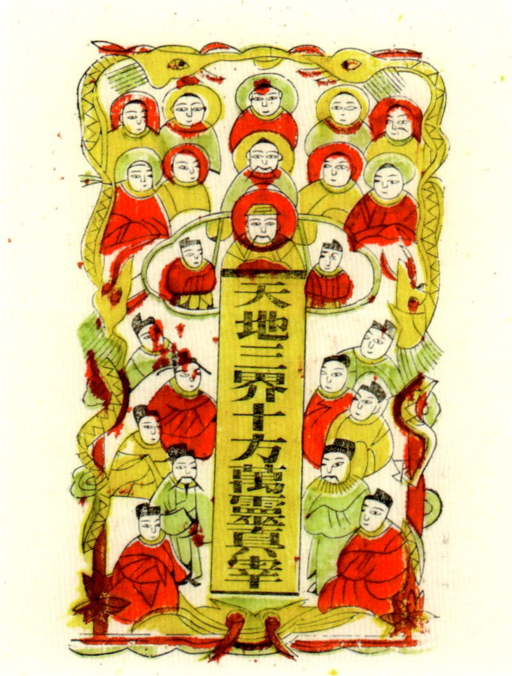

名称 /
天地三界十方万灵真宰
规格 /
长 460mm 宽 345mm
材质 /
纸
地域 /
山东

名称 /
灶神
规格 /
长 540mm 宽 340mm
材质 /
纸
地域 /
山东

图中杨家埠灶神年画为雕版印制，设色。该年画可分为三层，其中最上方印有1995年的二十四节气月令表。中间为三人灶，民间习惯将灶神像分为单座、双人灶与三人灶。单座指年画主像为灶王，双人灶指年画中有灶神与一位夫人，三人灶指画面中有灶神与两位夫人。该年画中，灶王手捧圭板居中央，两位夫人侍奉左右。年画下方是民间百姓于家堂前祭拜灶神的场景——墙上张贴“寿”字，供桌上摆放供品，案前放聚宝盆，表现出当地百姓对多寿多财生活的向往。

灶神，也称“灶王”“灶君”“灶王爷”，是传说中管理百姓饮食的生活守护神。相传灶神职责是将百姓做过的善事恶事记录下来，到腊月二十三日上天庭禀奏玉皇大帝。古代不论百姓家中是否富裕，往往都会在厨房炉灶旁祭供灶神。每年腊月二十三，百姓常焚香叩拜，送灶神上天，还要将糯米粑粑、麦芽糖等作为供品。麦芽糖又叫封嘴糖，请灶神吃后少言恶事。送走灶神后，百姓立即揭下神像并焚烧，除夕夜里迎接灶神返回人间，并将新的灶神神像张贴于厨房炉灶旁或神龛中。

名称 /
善火福水
规格 /
长 270mm 宽 210mm
材质 /
纸
地域 /
山西

名称 /
灶神
规格 /
长 590mm 宽 460mm
材质 /
纸
地域 /
湖北

名称 /
灶神
规格 /
长 270mm 宽 200mm
材质 /
纸
地域 /
山西

名称 /
吉星高照
规格 /
长 470mm 宽 300mm
材质 /
纸
地域 /
山东

该年画中福、禄、寿三位神祇处于同一画面中。福星位于画面正上方，身着红袍，一副文官模样。福星手拿“吉星高照”对联，头顶被四只蝙蝠围绕。蝙蝠，谐音为“福”，民间艺术中常用谐音、象征手法，来表现神祇身份。禄星身着长袍，怀中抱着幼童。寿星则是老翁形象，额头凸起，白发白须，一手拿仙桃，一手拄蟠龙拐杖。以福星、禄星、寿星为题材的年画在民间广受欢迎，诠释了我国百姓对幸福安康、多子多财、健康长寿生活的美好追求。

民间普遍认为福星掌管福气，并信奉福星便是“天官”，故“天官赐福”这一说法在民间广泛流传。关于禄星的说法不一，有人认为禄星是专司官禄之星，可保佑学生考取功名；有人认为禄星为送子张仙，有送子、保佑孩童的职能。寿星则是吉祥长寿的象征，民间为老人祝寿时，常会悬挂寿星神像，祝福老人寿比南山。

名称 /
三星图
规格 /
长 600mm 宽 520mm
材质 /
纸
地域 /
山东

名称 /
麻姑献寿
规格 /
长 1330mm 宽 600mm
材质 /
纸
地域 /
四川

名称 /
喜神
规格 /
长 280mm 宽 190mm
材质 /
纸
地域 /
云南

图中喜神纸马为雕版单色印刷，底色为紫红色，更能烘托出喜庆欢乐的氛围。该纸马表现出迎接喜神的场景，图中三人手抬轿辇，每个人都面带笑意。轿辇上贴有“吉”字，轿顶卧一凤凰。迎喜神是人们追求幸福生活、寄托美好愿望的一种方式。

喜神，也称“吉神”，是象征着吉祥好运、祥瑞喜气的神祇，民间对喜神的信仰极其普遍。喜神并不指具体的某一位神祇，像保佑人们财源广进的利市仙官、象征家庭和睦幸福的和合二仙，以及所有能给百姓带来吉祥好运的神祇，都可被称为喜神。祭祀喜神体现了百姓对幸福生活的向往，比如，新婚夫妇祈求家庭幸福美满，人们渴望高官厚禄，希望消除灾祸，都会祭拜喜神。

家中有结婚的喜事，人们就会祭拜喜神。一般将喜神纸马张贴在新房中、灶神旁。新人睡的棉被里、枕头下，也会放上喜神纸马。纸马不是随意张贴的，一般需要请巫师或阴阳先生算出合适的位置，希望喜神保佑新婚家庭幸福美满。

名称 /
喜神
规格 /
长 140mm 宽 90mm
材质 /
纸
地域 /
山西

名称 /

文财神

规格 /

长 450mm 宽 350mm 高 630mm

材质 /

泥

地域 /

山东

图中文财神像为泥塑，设色。文财神头戴帽冠，脸部粘贴黑色胡须，身着红袍，一手持元宝，一手放于腰间。文财神一副文官装扮，整体形象温文雅致。

我国财神有文、武之分。所谓“文”“武”，是就财神在文、武方面的名气而言的，如武财神一般指赵公明与关公；文财神一般指比干与范蠡，二人皆为先秦时期著名的文臣。

民间传说，比干本是商纣王叔父，为人正直坦率，因劝谏商纣王遭到妲己迫害，被挖出心脏。比干服用了姜子牙赠予的神药，被挖去心脏后仍得以活命，便隐于民间行商。比干没有心脏，故做事不偏不倚，公平公道，颇受百姓爱戴，被后人尊为“文财神”，或“无心财神”。范蠡为春秋时期楚国人，足智多谋，帮助越王勾践打败了吴王。待越王成就霸业，范蠡推断勾践只可共患难，不可同享福，便流亡到齐国，隐姓埋名，经营农商。范蠡年老后定居陶邑（今菏泽定陶），因其善于纳财，又能体恤寒苦百姓，同样被后人奉为“文财神”。

民间百姓不避讳对财富的追求，常通过祭拜财神塑像、悬挂财神年画等形式来表现对安居乐业、年年有余生活的向往。同时，经商之人祭拜财神，也有时刻提醒自己做生意要公平交易、货真价实之意。

名称 /
五路大神
规格 /
长 378mm 宽 225mm
材质 /
纸
地域 /
江苏

在我国民间美术中，艺人常以青、赤、黄、白、黑五色作为主要颜色，按照“白须白得净、红须红得鲜、绿须绿得娇”的色彩口诀进行创作，体现强对比、高纯度的设色标准。五路大神神像正是受到传统用色影响，大面积使用红、黄、白等颜色绘制，画面色彩对比强烈。该神像以红色宣纸为底，中央的财神面部施白色，帽翅施黄色，大面积高纯度的红色与白色、黄色做对比，使得画面色彩夺目，视觉效果热烈，富有喜庆感。

在构图上，画面图案呈对称式分布。主神位于中间，其他四位神祇在主神左右两侧依次排开，这种构图方式突出了主神的身份与地位，也表现出人们对主神的敬畏。

名称 /

万宝来临

规格 /

长 660mm 宽 400mm

材质 /

纸

地域 /

四川

名称 /

增福财神

规格 /

长 430mm 宽 330mm

材质 /

纸

地域 /

河北

名称 /

财神进门

规格 /

长 530mm 宽 320mm

材质 /

纸

地域 /

山东

名称 /

刘海戏金蟾

规格 /

长 480mm 宽 310mm

材质 /

纸

地域 /

山东

名称 /
招财·利市
规格 /
长 550mm 宽 210mm
材质 /
纸
地域 /
江苏

名称 /

送子娘娘

规格 /

长 600mm 宽 500mm

材质 /

纸

地域 /

山东

该神像画绘制送子娘娘形象。其中，左侧娘娘头戴金色发饰，身着绿色衣裙，外罩蓝色长袍，身旁环绕着四个胖娃娃；右侧娘娘同样戴金色发饰，身着宝蓝色外袍、橙黄色下裙，怀中抱着一个婴儿。我国百姓自古以来便追求家族人丁兴旺、家庭幸福美满，因此民间流传着许多关于送子奶奶、送子娘娘的传说。神像画中女性神祇怀抱婴儿的画面，展现出我国百姓对家庭和睦、子孙满堂这一美好生活的渴望。

该画为菏泽彩绘神像画。菏泽位于山东、江苏、安徽、河南四省交界处，所以在年画制作与风格上，受到各地年画影响。菏泽年画吸收融合线条简练粗犷的朱仙镇风格与细腻秀丽的杨柳青风格，形成了大色块印刷、构图丰满、色彩对比强烈的鲁西南年画风格。图中神像画受年画影响，色彩对比强烈，线条流畅，生动展现出送子娘娘形象。

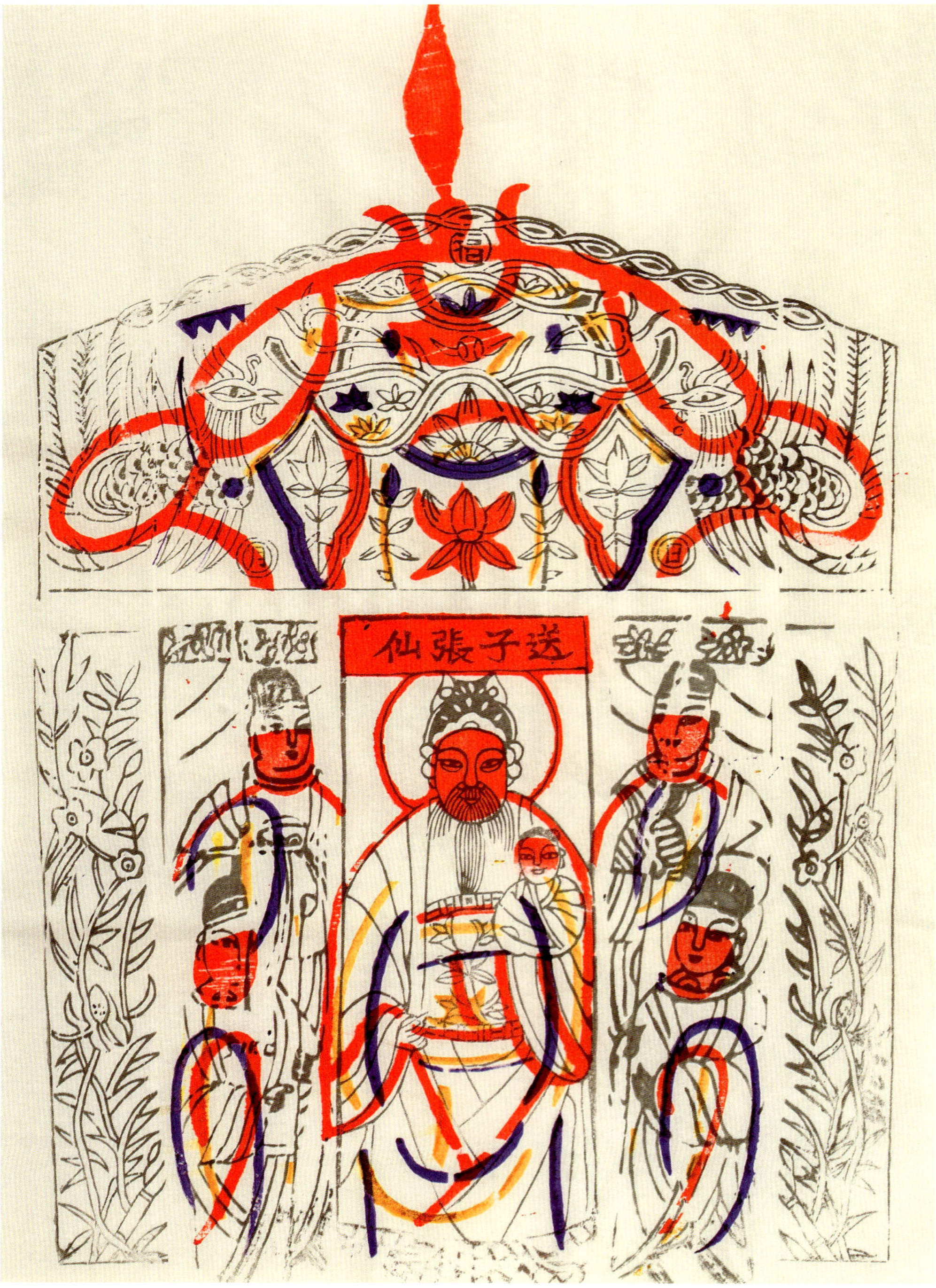

名称 /
送子张仙
规格 /
长 550mm 宽 400mm
材质 /
纸
地域 /
江苏

图为送子张仙神像画。张仙位于画面中心，面部呈红色，袍服处有红色、黄色线条点缀，怀抱婴儿，彰显出他送子、佑子的职能。神像上端形制犹如神龛龛额，印有凤凰、莲花等装饰图案。

张仙是我国民间主司生育的男性神祇。相传张仙原名张远霄，四川人，道教人士，受四目老人点拨进而成仙。我国百姓相信张仙既能送子，也能保佑孩童健康成长。传说张仙若看到有人受难，就会举弓射弹，妇女若是捡到其射出的弹子，便能生育男孩。又传天狗常会顺着烟囱钻进屋内，专门吓唬、残害孩童，并且使小孩沾染天花，为了阻止天狗进入屋内，百姓常会在烟囱口挂上张仙的神像。

名称 /
和合二仙
规格 /
长 550mm 宽 310mm
材质 /
纸
地域 /
江苏

上图为江苏南通年画，绘制和合二仙形象。画面中两位孩童头梳双髻，一人手持荷花，一人手捧宝盒。两位孩童之间绘有长如意与倒挂蝙蝠，意为“常如意”与“福到”。这对年画以红、绿、紫为主要色调，整体设色鲜亮，再加上画面中巧妙运用的吉祥图案，更增加了喜庆寓意。

和合二仙，也称“和合二圣”，是百姓信奉的喜神。传说和合二仙是唐代的寒山、拾得两位高僧。寒山常年隐居天台山寒台，而拾得是国清寺高僧在路边捡来的弃婴，故名曰“拾得”。寒山、拾得两人关系甚好，常吟诗作对于山林间。两人参悟佛性，心无杂念，最终双双成仙。后二人形象逐渐神化，百姓将二人合称为“和合二仙”。在民间艺术中，因“和”与荷花的“荷”谐音，“合”与宝盒的“盒”谐音，因此，和合二仙的形象多一人持荷花，一人捧宝盒，象征着和谐美好、融洽和睦。

名称 /
和合二仙
规格 /
长 400mm 宽 310mm
材质 /
纸
地域 /
湖北

名称 /
和合二仙
规格 /
长 135mm 宽 100mm
材质 /
纸
地域 /
云南

名称 /
床公床母
规格 /
长 135mm 宽 130mm
材质 /
纸
地域 /
云南

床公床母为雕版单色印刷。右上方印“床公床母”四字。床公头戴发冠，留有胡须；床母梳发髻，身着长袍，与床公并排坐在供桌前。供桌上放着茶盏、酒盅等供具，再现了民间百姓祭床神的场景，反映出人们对儿孙满堂、家庭和睦生活的向往。

民间俗信认为床神应是两位神仙，即床公和床母，他们是保佑百姓夜间安眠、子嗣兴旺的生活守护神。相传床公床母为周文王夫妇，这对夫妇共育有九十九个孩子，还曾收雷震子作为义子，一生共有百子。因此，周文王夫妇作为多子多孙的代表，时常受新人和求子者祭拜。

在不少地区，百姓还视床公床母为妇女与孩童的保护神，在妇女生产、孩童出疹时，都会祭拜床公床母。

名称 /
小海幡
规格 /
长 1000mm 宽 480mm
材质 /
纸
地域 /
广西

海幡被视为瑶族宗教的祖神，也是首代师公。师公即瑶族道士，有时也指男巫，是类神职人员。后受道教影响，海幡被纳入瑶传道教体系，被供奉至今。[①]

① 陈杉、黄诗惠、伍妍：《清代江华瑶族神像画中大小海幡的图像研究》，《装饰》2017 年第 11 期。

在瑶族，海幡有大小之分。从图像中区分，大海幡神像绘有上刀山、过火海仪式；小海幡神像则绘海幡身骑黑龙的图案。所谓“上刀山”指画面中人物攀爬由长刀架起的刀梯，“过火海”指人物脚踩炭火。瑶族民间俗信认为，这两种仪式是对受戒人的最高考验，完成此仪式，瑶族男性便拥有“神性”，可以沟通鬼神、驱邪禳灾。小海幡即表现海幡骑黑龙的画面，讲述其成道之前的故事，因此称作“小”海幡。上图神像画描绘的即是小海幡。

画面中海幡身骑神龙，一手持装有符水的杯盏，一手执令牌，脚踩火轮。符水源自道教，是指画符箓或烧符箓于水中，符水有清洁驱邪、荡除秽物之功效，饮之可以疗病。[②]有趣的是图中海幡一只脚穿黑靴，另一只脚为赤足，靴子正挂在龙尾处。对这一现象，有道师认为是海幡过河时丢了一只鞋子，后由神龙帮其找回。神像画底部还绘有两位汉族官员，皆身骑骏马，头戴直角方巾。其中，前方骑棕马的官员手持法器；后方武将骑白马，一手持令牌，一手持法器。神像四周点缀各种唐草纹，画面饱满充盈；多使用红色，视觉上极富冲击力。

② 赵匡为主编《简明宗教辞典》，上海辞书出版社，2006，第 470 页。

图中神像为木质雕刻品，设色。其中，神像右臂举起，高度与头部持平，右手呈拳状。其头部与发冠正面整体鎏金，发冠后部施蓝色，身披甲胄，神情肃穆，颇有大将风采。木雕艺人凭借高超的技法，将衣袖雕刻得宛若随风飞扬，生动传神。铠甲上的腰带正中雕刻龙头纹样。

该神像整体配色协调，雕刻手法细腻生动，传递出一种威风凛凛、气宇轩昂的英雄气势。

名称 /
药王牌位
规格 /
长 285mm 宽 105mm 高 425mm
材质 /
木
地域 /
山东

图中牌位上方、左右皆饰有祥云纹样。祥云，即吉祥的云彩，其造型舒卷流转，十分优美。古时由于自然科学不发达，百姓多“靠天吃饭”，为能丰收，便创造出许多风俗、仪式以祭拜天地，祈盼风调雨顺、五谷丰登。祥云纹的出现，便是源于古时百姓对云彩、自然的敬畏。因为云可以化为雨滋养农作物，早在殷商时期就有“祭云”风俗。时至今日，人们还将五彩云朵视为吉祥象征，并将其称为祥云。此外，“云”字又与“运”字谐音，故以祥云代表吉祥福运。首尾相连、延绵不绝的祥云纹饰，象征着连绵不断的吉祥好运。

图中牌位供奉药王孙思邈。孙思邈是隋末唐初的名医，其一生为医学发展做出杰出贡献，被后世尊奉为医药业的行业神。百姓供奉药王孙思邈，以保佑家人健康平安，远离疾病。

名称 /
药王
规格 /
长 260mm 宽 230mm
材质 /
纸
地域 /
山西

名称 /
鲁班
规格 /
长 360mm 宽 200mm
材质 /
纸
地域 /
江苏

上图神像可分为两部分。上方鲁班手持圭板，仪态端庄，一副官员模样。神像下半部分绘制百姓使用锯子等工具劳动的场面。

据记载，生活中常用的木作工具，如锯子、刨子、凿子等都由鲁班发明，因此，鲁班被百姓奉为木匠祖师。鲁班成为木匠之神后，其神奇故事进一步得到美化，鲁班渐渐成了统领“鬼斧神工”的最高之神。

名称 /
鲁班
规格 /
长 185mm 宽 120mm
材质 /
纸
地域 /
河北

名称 /
张鲁二班
规格 /
长 150mm 宽 130mm
材质 /
纸
地域 /
云南

名称 /
打猎将军
规格 /
长 155mm 宽 135mm
材质 /
纸
地域 /
云南

图中打猎将军纸马为雕版单色印刷。打猎将军头戴铜盔，身着长袍，手持弓弩，后背三支利箭，身骑骏马。画面左上方印有“打猎将军”四字，一旁点缀树叶作为装饰。

打猎将军，民间百姓也称作“猎神”，是保佑百姓安全狩猎、满载而归的行业神。旧时，狩猎民族深知上山打猎具有一定的风险性和不确定性，因此在打猎前常祭拜打猎将军，以求狩得猎物、安全而归。比如我国白族地区至今流传着猎神杜朝选的神话传说。相传古时苍山有一巨蟒，作恶多端。杜朝选背着弓箭只身上山，与恶蟒搏斗，最终杀死巨蟒。由此，杜朝选成为当地有名的英雄，百姓也将杜朝选奉为猎神。打猎将军的传说反映出中华民族自古以来倡导的惩恶扬善、知恩图报的传统美德，也体现出百姓对安定幸福生活的向往。

名称 /

神荼郁垒门神

规格 /

长 530mm 宽 360mm

材质 /

纸

地域 /

山东

年画中，神荼、郁垒一副武将装扮。他们左右站立，身披黄色龙纹盔甲，脚蹬战靴，面部呈赤色，一手持装花的净瓶，另一手拿扇面，身后还挂着一把桃木剑。年画中神荼、郁垒褪去武将的威严，多了几分和善。

民间门神信仰由来已久。古时人们崇信鬼神，为了防止鬼怪进家中，人们会在家门前贴门神画像，威慑恶鬼，求门神保佑家庭平安。最初，百姓将桃木雕刻成神荼、郁垒模样，挂在大门口，并在门上画一只猛虎，悬挂芦苇。之后为了省事，人们在木板上绘制出神荼、郁垒的神像，将木板挂在门上，或直接在木板上写下神荼、郁垒的名字。这种风俗慢慢演变成年画的形式，并一直延续至今。此外，神荼、郁垒在年画中多为将军形象，后随着社会发展，神荼、郁垒的形象越来越亲民，手中的锤、斧也演变成了吉祥花等等。

名称 /
将帅门神
规格 /
长 520mm 宽 380mm
材质 /
纸
地域 /
湖南

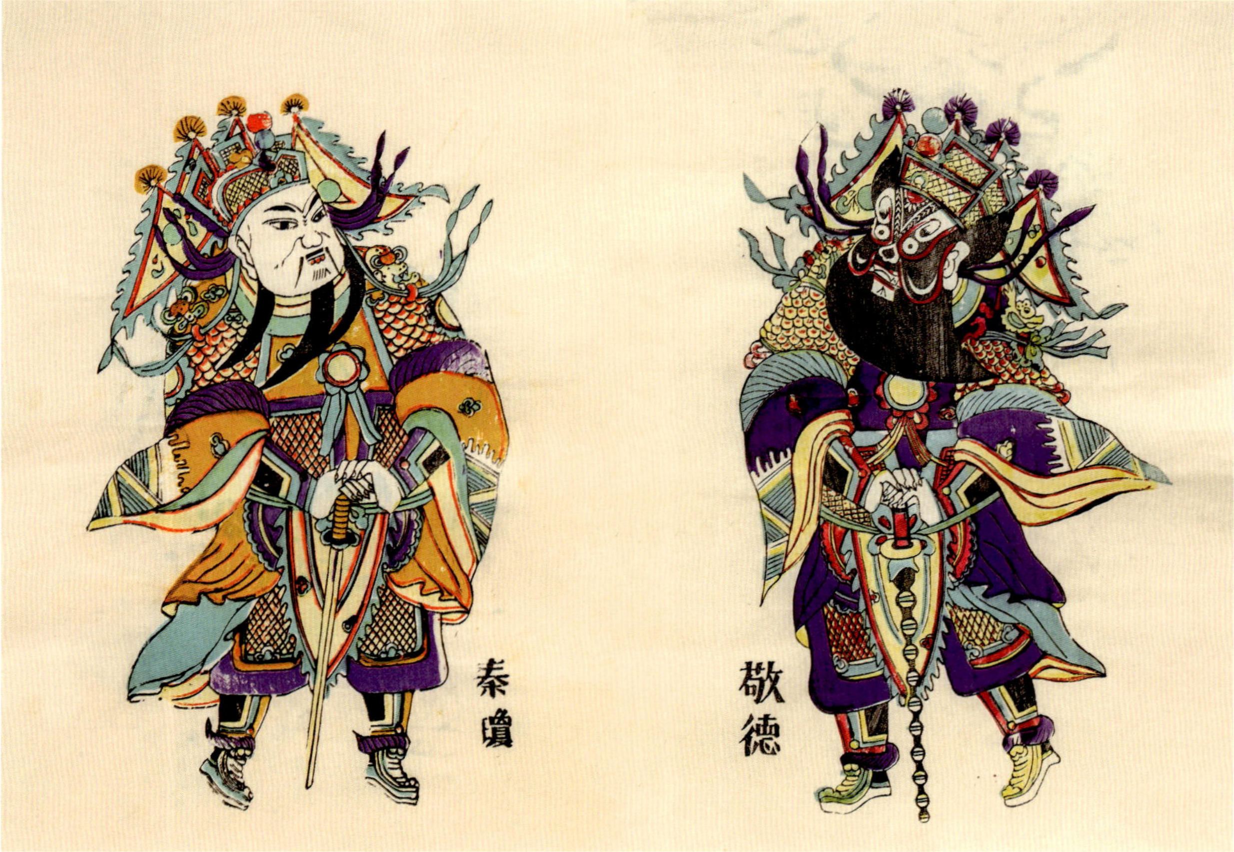

名称 /
秦琼敬德门神
规格 /
长 600mm 宽 420mm
材质 /
纸
地域 /
陕西

名称 /
钟馗
规格 /
长 510mm 宽 330mm
材质 /
纸
地域 /
湖北

年画中，钟馗头戴软翅判帽，身着红色长袍，手持利剑，一副武将模样。

相传钟馗不但捉鬼，也会口食小鬼，因此百姓常将钟馗的像贴在门上驱逐鬼怪，久而久之，钟馗变成了广受百姓喜爱的门神。传说钟馗为唐初人，才华横溢，却因面貌丑陋被免去了状元身份，一气之下头撞阶梯而死。后唐玄宗夜梦鬼魅缠身，幸好钟馗赶来为其驱邪除恶。唐玄宗醒后，吴道子根据其描述，绘出钟馗。唐玄宗命人将钟馗画像挂在宫门上，用以驱邪。民间百姓纷纷效仿，每至除夕或端午，多悬挂钟馗画像，以保家宅平安。

名称 /
钟馗
规格 /
长 700mm 宽 420mm
材质 /
纸
地域 /
陕西

名称 /
钟馗
规格 /
长 1330mm 宽 600mm
材质 /
纸
地域 /
四川

名称 /
钟馗
规格 /
长 1060mm 宽 760mm
材质 /
纸
地域 /
江苏

名称 /
瘟司圣众
规格 /
长 125mm 宽 125mm
材质 /
纸
地域 /
云南

图中纸马为雕版单色印刷。画面上方印“瘟司圣众”四字，下方瘟神衣服与大理地区的民族服饰十分类似，体现出民间艺人将生活与艺术结合，具有极高的创造力。画面中二神乘龙舟巡视民间，护佑一方百姓的平安与健康，传达了中国百姓对于祛邪、祈福的美好愿望。

过去医疗条件不完善，百姓很难对瘟疫这种具有传染性且会威胁生命的疾病做出解释，便将瘟疫归结为鬼神作祟。“据《三教搜神大全》记载，五鬼乃‘五方力士，在天为五鬼，在地为五瘟’。唐代以后，五瘟形象逐渐明确，通常指春瘟张元伯，夏瘟刘元达，秋瘟赵公明，冬瘟钟仕贵，总管中瘟史文业，民间俗称‘五瘟使者’。”[1] 民众相信“五瘟使者”既可“收瘟”，也可“降瘟”。

旧时农历五月五日为瘟神祭日，百姓会对五位瘟神加以祭拜，以求保佑家人四季平安，不染疾病。

① 乌丙安：《中国民间神谱》，辽宁人民出版社，2007，第 166 页。

名称 /

五瘟使者

规格 /

长 260mm 宽 230mm

材质 /

纸

地域 /

山西

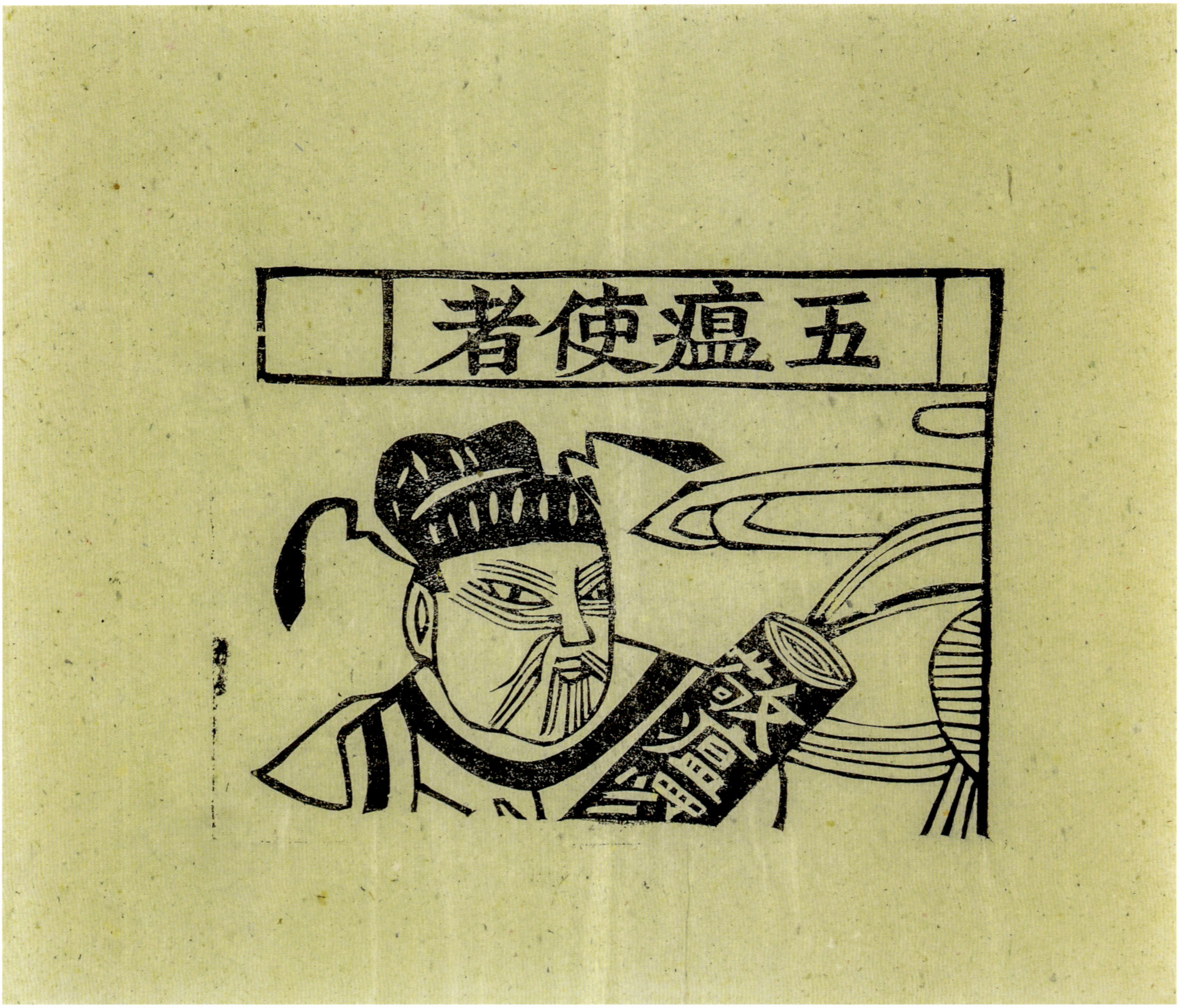

名称 /
井神
规格 /
长 240mm 宽 180mm
材质 /
纸
地域 /
陕西

上图为陕西凤翔井神年画，木版套印。图中井神为龙王形象，红发红须，绿脸，其身后为龙宫。身旁侍者一人手执如意，一人持三叉戟。

凤翔一带将井神与土地神、灶神、天神、仓神和槽马侯并称为“家宅六神”，并将这六位神灵视为家中成员。凤翔百姓过年要在井台上方贴井神年画，搭配对联“上通天河水，下达海底泉”，横批“风调雨顺”。[①] 祭祀时当地还流传歌谣：“天皇皇，地皇皇，一家老小敬龙王。龙王爷，本姓净，你把水儿来管清。”[②] 可见，百姓祭祀井神，是希望井神能够保佑井水水源不断、水质甘甜，以及水井四周安全，以防溺水。

关于井神的身份，民间还有除龙王外的其他说法。比如，有的地区认为井神原是一位溺井而死的童子，也称“井泉童子”。有的地区认为井神原是一位女子，后在井边救了东海龙子，龙王为表谢意，赠予她一根鞭子，鞭子一放入水缸中，便能涌出水流。后来，百姓将这位女子奉为井神，也称“水母娘娘”。

① 潘鲁生主编《中国民艺馆·年画雕版》，山东教育出版社，2020，第 39 页。

② 冯骥才主编《中国木版年画集成·凤翔卷》，中华书局，2010，第 89 页。

名称 /
井神
规格 /
长 185mm 宽 100mm
材质 /
纸
地域 /
河北

名称 /
井神
规格 /
长 280mm 宽 190mm
材质 /
纸
地域 /
云南

名称 /

水草牛马王

规格 /

长 250mm 宽 190mm

材质 /

纸

地域 /

河北

图中神像以红色纸张为底，用墨线印出水草牛马王形象。画面将牛王、马王和水草王各自的特点表现出来，比如，牛王头部被塑造成了牛角模样。

河北民间常一齐供奉牛王、马王与水草王。牛王、马王是民间供奉的主要神灵之一。在我国古代，牛、马等牲畜是百姓耕作、劳动的主要工具，人们希冀家中牲畜兴旺，便逐渐形成了牛王、马王崇拜。而水草是牛、马等牲畜的主要食物，百姓将水草奉为神，并与牛王、马王一齐祭拜，是希望水草生长丰茂，牛马身体健壮。

水草牛马王崇拜是我国农耕社会的产物，它一方面反映出百姓对家中牲畜的爱护，期望家中牲畜不染疾病；另一方面，体现出牛、马等牲畜在百姓生活中发挥的重要作用。一些地区至今保留着祭祀水草牛马王的风俗，新年之际，农户在牛栏、马棚处张贴牛马王神像，上写“保佑”二字，两边常有对联“牛如南山虎，马似北海龙”。

名称 /
马王神
规格 /
长 250mm 宽 160mm
材质 /
纸
地域 /
山西

名称 /
马王神
规格 /
长 240mm 宽 180mm
材质 /
纸
地域 /
山西

名称 /
牛马增盛
规格 /
长 360mm 宽 260mm
材质 /
纸
地域 /
山西

名称 /
桥神路神
规格 /
长 140mm 宽 130mm
材质 /
纸
地域 /
云南

图中桥神路神纸马为雕版单色印刷。上方印有文字“桥神路神之位”，下方用简练的线条塑造出桥神和路神的形象，二神之间有一座用线条勾勒的拱桥，借助抽象的拱桥形象暗示二神身份，呈现出云南纸马的古朴风格。

传说中，桥神主要负责护佑百姓平安渡桥，路神则负责保护百姓出行顺利。桥神和路神的职责涵盖了百姓衣食住行中有关“行”的一切事宜。因此，桥神和路神形象常成对出现在纸马中。

名称 /
田公地母
规格 /
长 360mm 宽 200mm
材质 /
纸
地域 /
江苏

图中田公地母神像为雕版印刷，设色。图中上半部分印制田公、地母形象，在他们两侧有“春种满田家（皆）必（碧）玉，秋收变（遍）地是黄金”对联。下半部分描绘农民在田间耕作的场景，有人挑水，有人锄地，与上半部分相呼应，动静结合。民间艺人多生活在田野间，对农耕生活十分熟悉，因此，创作的作品虽笔触粗犷质朴，但笔下的农民多形象传神，内心情感也虔诚真挚。人们希望通过祭祀田公地母来保佑农作物收成，实现“秋收遍地是黄金”的美好景象。

田公地母，也称“田公田母”，是传说中主管庄稼土地的神祇。从事农业生产的百姓为了庄稼丰收，每年都要举行祭拜田公地母的仪式。比如云南白族百姓常举办“地母会”以祭拜田公地母，感谢田公地母往年保佑，并祈求来年也是个丰收年。除了这种集体性的祭拜活动，一些百姓在田间吃饭时，要先举起碗筷，请田公地母品尝。

名称 /

田公地母

规格 /

长 150mm 宽 130mm

材质 /

纸

地域 /

云南

名称 /
田苗神
规格 /
长 185mm 宽 95mm
材质 /
纸
地域 /
河北

图中纸马以红色纸张为底，用墨线印出田苗神形象。田苗神头戴帽冠，双目上挑，以粗犷疏短的线条勾勒出脸型。田苗神手中持植物枝叶，也象征他具有守护农作物、驱赶害虫的职能。

河北内丘地区四季寒暑分明，雨量偏少。农民为了庄稼丰收，便寄希望于田苗神护佑。田苗神，也称“八腊神”，是我国古时百姓祭祀的民间神。八腊是上古时代人们在腊月举行的农事祭祀活动，“八”代表腊祭要供奉的与农事有关的八位神灵，即神农、后稷、田间、房舍小道、猫虎、坊、水沟、昆虫。[①] 后来八腊渐渐演变为保庄稼、驱害虫的民间神，即田苗神。

① 冯骥才主编《中国木版年画集成·内丘神码卷》，中华书局，2009 年，第 85 页。

名称 /
山神
规格 /
长 280mm 宽 190mm
材质 /
纸
地域 /
云南

图中山神纸马为雕版单色印刷。纸马上的神祇不止一个，他们姿势各异，分布在画面中，画面上方印有“山神”二字。山神纸马造型简洁、风格古朴，具有浓郁的云南民间特色。

山神崇拜属于早期自然崇拜，也是我国重要的民间信仰之一。对山神的记载自古有之，比如西汉《礼记·祭法》记载：“山林、川谷、丘陵能出云，为风雨，见怪物，皆曰神。”[①] 晋《抱朴子·登涉》记载：“山无大小，皆有神灵。”[②]《山海经》也记载了国内四百五十一座山峰及山中神灵。山神并没有统一形象，甚至每个地区、每个民族所信仰的山神都有所不同，有的地区将当地的山奉为山神，有的地区的山神可能是一块石头，还有的地区将山神想象为人的模样，由此可见山神与百姓的生活联系紧密。

① 《礼记》，陈澔注，金晓东校点，上海古籍出版社，2016，第 526 页。

② 葛洪：《抱朴子》，上海书店出版社，1986，第 76 页。

名称 /
水神
规格 /
长 280mm 宽 190mm
材质 /
纸
地域 /
云南

图中水神纸马为雕版单色印刷。水神头戴帽冠，手持利剑，衣服纹饰用水波纹表示，更能凸显水神的身份。

水与火是日常生活中必不可少的物质，早在原始时期，人们就已经知道如何利用水与火来生存。古时人们深知“水能载舟，亦能覆舟”，水如果利用得好，可以让人们的生活变得更加顺利，否则适得其反。因此，古时人们对水十分敬重，他们认为万物皆有灵气，将水人格化，塑造出水神，并希望水神保佑，免受水灾之苦。民间关于水神的原型有很多，比如萧公、宴公、共工、龙王等等。一些村子的本主庙或山神庙内，会供奉水神。

名称 /
虫神
规格 /
长 280mm 宽 190mm
材质 /
纸
地域 /
云南

图中虫神纸马为雕版单色印刷。虫神头戴帽冠，手持刀刃，目视前方，坐在巨虫身上。巨虫身躯似龙似蛇，身上分布白色斑点，并且长有利爪，形象抽象，大抵是艺人凭想象塑造出来的。纸马上方印有“虫神”二字，点明神祇的名称与职能。

我国民间对于虫的崇拜自古有之。虫崇拜一般是对兽类、鸟类、鱼类之外动物崇拜的统称，包括蜂蝶类的昆虫、爬行类的蛇蟒、两栖类的蛙类等。我国是农业大国，为了保证粮食丰收，百姓便开始虫神崇拜，希望虫神保佑庄稼免受虫类侵害。我国不少地区修建了“虫王庙”和“八腊庙”，在庙中供奉虫神，每年还会在固定的日子来祭拜虫神。“北方汉族、满族、朝鲜族民间以农历六月初六为‘祭虫王日’，届时，人们将供品奉于祠中，杀猪以祀虫王，祭后一户一人，自带碗筷，到庙上聚食。”[①]

① 乌丙安：《中国民间神谱》，辽宁人民出版社，2007，第 40 页。

名称 /
风马纸
规格 /
长 55mm 宽 55mm
材质 /
纸
地域 /
青海

“风马”藏语为“隆达”，其中，“隆”指风，“达”指马。上图风马纸印于白、黄、红、绿彩纸上，大小相当。风马纸上绘有宝马、鹏、龙、狮子、虎五种动物，其中，宝马居中，背驮“佛、法、僧”三宝，其余动物绘于四角。[1] 风马纸既可在对当地山神、龙神等的祭祀仪式中祭献抛撒，以求吉祥，也可作为供奉物张贴或悬挂在室内外。

① 夏征农、陈至立主编《大辞海·民族卷》，上海辞书出版社，2012，第 64 页。

民间供具

神龛

名称 /
木质神龛
规格 /
长 750mm 宽 450mm 高 840mm
材质 /
木
地域 /
山东

神龛，是放置神祇塑像或祖先灵牌的小阁，一般由木头制成，呈方形，其规格大小依据放置神像和祖先灵牌的多少而定。神龛可分为两类：一类用于放置神像，其外观大多为横长形，没有龛门，但前面会有垂帘；另一类神龛用于放置祖先灵牌，外观多为竖长形，有龛门且不设垂帘。图中木质神龛属于第二类。

图中神龛外形参考了我国传统房屋建筑结构，雕刻工艺精细。神龛龛顶为硬山顶。硬山顶为“人”字形屋顶之一，所谓硬山，指两山屋面不悬出于山墙或山面梁架之外的做法。[①] 硬山顶是如今我国古典建筑中数量最多、应用最广泛的屋顶形式之一。神龛前有四根廊柱，廊柱上方还刻有挂落。挂落也称“楣子”“倒挂楣子”，是指建筑物檐枋下的装饰构件。图中神龛的挂落做镂空处理，使神龛外观尽显轻盈剔透。

廊柱后方是龛门，龛门上方同样做镂空处理，装饰方格纹样。龛门可以打开，里面可以放置祖先牌位，以供后代祭拜。图中神龛构造精巧，雕刻精美，体现出我国百姓对祖先的深深敬意，也表现出民间匠师精湛的手工技艺。

① 郭华瑜：《中国古典建筑形制源流》，湖北教育出版社，2015，第 127 页。

名称 /
雕花神龛
规格 /
长 550mm 宽 320mm 高 700mm
材质 /
木
地域 /
山东

图中神龛为木质，整体呈方形。龛顶为硬山顶，神龛顶部多余木材被凿去，营造出龛顶布满瓦片的视觉效果。神龛前有廊柱，廊柱上方雕刻挂落。挂落为镂空设计，刻有长寿纹纹样，寓意生命延绵长久。神龛的门栏、瓦沿处雕工极为细致美观，整体造型繁复精致，细腻生动。

神龛下设底座，底座四周刻有锦簇花纹，花纹使用透雕工艺装饰而成。透雕，也被称为镂空雕，是一种镂刻、挖空的雕刻技艺，介于浮雕与圆雕之间。透雕可分为单面透雕与双面透雕两种类型。图中神龛底座上雕刻的花纹、枝蔓纹样为单面透雕。龛底两侧柱子呈葫芦状，“葫芦”谐音“福禄”，传达出幸福吉祥的意味。总体来看，该神龛整体雕刻了许多花样纹饰，带有端庄、古朴的气质。神龛底座镂空雕刻而成的花纹、枝蔓与挂落、龛门上的纹饰相互呼应，十分精巧，使人不禁感叹民间匠人手艺之奇绝。

下图神龛为木质，整体造型方正。在纹样修饰上，使用了大量的花纹、瑞兽纹饰。这些纹饰造型生动，雕工精美细腻。比如，神龛挂落处有花团纹饰，其花团枝蔓雕刻得精美华丽。双侧龛门下方有花瓶纹饰，上方窗口做镂空处理，纹饰近似长寿纹。

在雕刻技法上，该神龛使用了大量镂空雕刻，神龛顶部通透雅致的镂空雕刻，与下方肃穆端庄的龛体做出对比，样式奇巧。另外，神龛两侧置有柱子，一方面还原了建筑本来的结构，另一方面，柱子可以起到稳固神龛的作用。

名称 /

瑞兽雕花神龛

规格 /

长 365mm 宽 225mm 高 390mm

材质 /

木

地域 /

山东

名称 /

水花纹神龛

规格 /

长 550mm 宽 190mm 高 480mm

材质 /

木

地域 /

山东

神龛作为供奉祖先灵牌与神灵塑像的小阁，其外部往往刻有吉祥纹样，如团花纹、牡丹纹、水纹、龙纹等等，雕刻手法多种多样，最常见的为阴刻、浮雕与透雕。此外，神龛为了突出主题，会采用髹漆工艺，有时还会在一些重要的地方辅以描金或贴金的手法，以增加神龛的庄重威严。

图中神龛为木质，其外形参考了民间戏台的构建形式，整体造型大方华美。神龛龛顶形制类似勾连搭结构。勾连搭是我国古代建筑的屋顶结构之一，指两个或两个以上的坡顶连在一起而形成的屋顶样式。神龛龛顶的勾连搭结构设计，很大程度上增加了神龛内部的体积。

神龛正面装饰金漆镂空纹样。上方左右两侧雕刻牡丹纹样，精美华丽，引人注目。牡丹自古便有“百花之王”的美称，因其艳丽妩媚、雍容华贵而深受百姓喜爱。在木雕艺术中，人们常通过牡丹纹与其他祥瑞或花卉图案结合，形成具有吉祥寓意的纹样，以此来表达对富贵吉祥、美好幸福生活的向往。神龛的门楣处分别雕刻梅花纹与百花纹，并做镂空处理。两侧的柱子上盘绕着花藤纹样。此外，神龛下方的门槛处还雕刻着精细的水纹。

神龛除门槛处的水纹为原色，其他的花纹全部覆有金漆，如此华美富丽的设色使该神龛显得更加气派庄重。

家佛堂
天地人三陽開泰
松竹梅一氣同春

名称 /

佛龛

规格 /

长 780mm 宽 225mm 高 1130mm

材质 /

木

地域 /

山东

上图佛龛为方形，不设龛门。佛龛上的文字布置方式与对联的形式相同。文字外围设有边框，一方面，边框可以起到强调文字的作用，另一方面，运用边框可以避免文字显得唐突与松散。佛龛正上方写有“家佛堂”三字，佛龛左侧写有“松竹梅一气同春”，右侧写有“天地人三阳开泰”，佛龛上的文字与佛龛中央的门框皆用黄色漆修饰。佛龛门框处雕刻飞龙、花纹等形象，总体来看，整座佛龛造型精细而不烦冗，华贵而不失庄重。

神龛融合了寺庙与宗祠功能，以往需到寺庙供奉祭拜神佛，现家庭日常便可祭祀，且祭祀仪式与时间更具自主性，符合民间大众对神灵祭祀的需求。

名称 /
木质神龛
规格 /
长 560mm 宽 250mm 高 800mm
材质 /
木
地域 /
山东

名称 /
“卍”字纹神龛
规格 /
长 300mm 宽 120mm 高 320mm
材质 /
木
地域 /
山东

“卍”字纹神龛呈方形，神龛外罩以黑漆修饰，上有一镂空“卍”字纹雕花。“卍”字纹作为一种图像装饰符号，是一定文化背景下的产物，内涵十分丰富。“据《辞源》载：‘卍’本不是文字，而是佛教如来胸前的符号，意思是吉祥幸福。”[1] “卍”字纹有着吉祥富贵绵延不断的美好寓意，造型简洁大方，具有很强的均衡感和对称性。另外，将多个“卍”字纹重复组合起来，可以组成丰富鲜明的四方连续吉祥纹样。因此，“卍”字纹常出现在民间木雕、砖雕、窗棂、影壁、服饰中。

神龛内部放有一神主牌，神主牌正中央书写文字“先妣张太君之神主”，记录了亡者的身份。神主牌左侧有“嗣男保堂奉祀”六字，表明立神主者的身份。

图中“卍”字纹神龛用于放置祖先神主牌，为祭祖之用。神龛的大小根据神主牌的尺寸而定，整体形制简约大方。

① 要文瑾：《湖南隆回花瑶挑花·奉雪妹》，海天出版社，2017，第 54 页。

名称 /

龙纹龛祥云纹牌位

规格 /

长 180mm 宽 120mm 高 400mm

材质 /

木

地域 /

山西

图中神龛呈方形，木制。龛罩外部以黑漆修饰，部分黑漆已经脱落。龛罩上刻有镂空团龙纹，团龙纹饰有金漆，使得龙纹整体造型大方典雅。龙在神话传说中，是多种动物的结合体。龙作为我国古代的瑞兽，常被视作权力的象征，也是中华民族的图腾纹样。从古至今，百姓赋予龙许多能力，比如除恶除祟、辟邪消灾等等。在龛罩上刻团龙纹，使神龛整体风格更显庄重。

神龛内部放置一神主牌，神主牌正中书写文字“清故显考吕公之神主”，表明亡者身份。神主牌左侧写有立神主者的身份。神主牌顶部以整齐的祥云纹样装饰，雕刻工艺细腻精美。

名称 /
寿纹神龛
规格 /
长 320mm 宽 140mm 高 360mm
材质 /
木
地域 /
河南

该神龛为木质，呈方形，不设龛门。神龛外部饰以黑漆，整体造型简洁、大方、庄重。神龛内置两块神主牌，分别写有“显祖考德裕太府君之神主”“显祖妣郭太太君之神主”字样。神主牌左下方有其孙辈名号，表示神主牌由其孙辈供奉。

神龛龛罩刻有镂空“寿”字纹。“寿”字纹以“寿”字各种书体作为纹饰，通过这一吉祥文字来表达人们的美好心愿。该神龛中的“寿”字纹呈圆形，意为圆满长寿，反映了中国人对团圆、圆满生活的美好追求。

香炉、香筒、烛台

名称 /
陶香炉
规格 /
长 270mm 宽 135mm 高 175mm
材质 /
陶
地域 /
山东

在我国民间信仰中，香有通神、避邪、逐疫、祛魅、返魂、净秽等多方面用途，其中，尤以通神和避邪为最。香文化的产生可以追溯到远古时期，早期先民在祭祀仪式中燔木升烟、告祭天地，自此开创了后世焚香祭拜的先河。而香炉作为焚香的器具，在民间祭祀活动中发挥着重要作用。民间香炉材质一般为金属、陶或瓷，形状大小不一，有供佛、祀神、陈设、熏衣等用途。

图中香炉为陶制，其把手处被塑造成了狮子的形象。狮身采用阴刻、阳刻相结合的手法，生动巧妙地刻画出狮子的形象与纹理。两只小狮子分别依附在炉壁两侧，面朝前方，张着嘴巴，似在大笑，整体造型生动可爱。香炉正前方采用浮雕手法雕刻连枝花的纹样，连枝花纹装饰与两只小狮子相得益彰，共同把该香炉塑造得稚趣横生，颇具审美价值。此外，连枝花还可视作绣球，狮子滚绣球是我国民间传统吉祥纹样。雄狮、雌狮相戏时，滚而成球，

有阴阳结合之意，切合百姓对生命力的崇拜，饱含生儿育女、多子多孙的美好寓意。

香炉作为祭祀供具，具有实用价值。该香炉在其原有实用功能基础上，巧妙地增加了趣味装饰，使得造型生动可爱，包含着民间百姓对子孙后代的美好祝愿，体现了艺人的绝妙手法与过人才艺。

名称 /
香炉
规格 /
长 170mm 宽 100mm 高 150mm
材质 /
陶
地域 /
山东

上图香炉为陶制，三足。民间用于烧制香炉的土质十分粗劣，制成的香炉表面常常凹凸不平。香炉多于露天的土窑中烧制，经过氧化，所以表面呈现出红褐色。图中香炉整体做工粗犷，炉口和双耳等处装饰水波纹样，又使得该香炉于粗犷中见细腻。

我国是世界上发明、制造陶器最早的国家之一，唐代《周书》记载："神农耕而作陶。"陶器的发明与使用最早可以追溯到新石器时代。在我国，陶器的产生与农业生产及人类对火的使用有着十分密切的关系。农业的产生与发展为先民们提供了相对稳定的作物，在这一情况下，先民急需烤熟、存储谷物的器皿。他们在日常劳作中发现了黏土的可塑性，使用水调和黏土，捏造成器皿形状，再用火加热到一定温度，陶器应运而生。随着科学技术的发展，烧制陶器的技术不断发展改进，人们对陶器的使用延续至今。

名称 /
香炉
规格 /
长 160mm 宽 100mm 高 125mm
材质 /
陶
地域 /
山东

下图中的鬲式炉为陶制，炉口为直口，扁圆腹，三足中空。鬲式炉炉口与炉身皆装饰连珠纹。连珠纹也称连珠、联珠纹等，一般是由相连的圆形或球形呈一字形、弧形等排列组成，是我国传统的几何装饰纹样。连珠纹最早由波斯地区传入，之后在我国广受欢迎。该香炉中的连珠纹大多以一字形排列，只有炉腹处以七个圆点缀而成花蕊图案。

鬲式炉是流行于宋、明时期的炉式之一，大多为敞口、束颈、扁圆腹，并且炉底有三足，因其造型与先秦时期的“鬲”相似而得名。鬲是商周时期的一种炊器，文献记载，其（鼎）空足曰鬲。由此可见，鬲与鼎器形相近，且鬲的三足中空，便于加热炊煮。

图中鬲式炉为焚香的器皿，香炉表面以纹样装饰，但整体质地粗糙，呈现出一种独特的粗犷之美。

名称 /
鬲式炉
规格 /
直径 105mm 高 90mm
材质 /
陶
地域 /
山东

名称 /
壁香炉
规格 /
长 115mm 宽 40mm 高 125mm
材质 /
陶
地域 /
山东

该香炉为陶制，以模具制作，造型古朴，主要流传于鲁南一带。

此类香炉一般悬挂于门两侧，内置麸子或沙粒做底，使用时插入一支香，用以净化空气、驱虫。图中香炉背面有一个圆洞，以便将香炉悬挂在钉子上。香炉的正面有弧度，背面则呈平面状，这样的造型可以使香炉背面紧贴墙壁，不易掉落。

这类香炉表面装饰着不同花纹，起到美化家庭环境的作用，使得香炉在具有实用价值的同时，兼具审美价值，进一步增加了香炉的功用。

名称 /
木质双耳香炉
规格 /
长 310mm 宽 100mm 高 270mm
材质 /
木
地域 /
山东

上图的木质双耳香炉造型简约，表面不过多修饰，突出器形之美。其中，炉口、炉腹均呈方形，炉口略大于炉腹。双耳弧度匀称，造型优美。香炉底座为四足，连接着炉腹与两侧的双耳，四足底座起到了稳固支撑的作用。此外，双耳与炉口之间设有两个圆柱状的木块，起到连接作用。

香炉正面刻有“寿”与“福”两种文字纹。文字纹指的是以文字为主要题材的装饰纹样，其运用可追溯到青铜器时代，后随着古代社会不断发展，汉赋、唐诗、宋词、元曲等文学形式相继繁荣，文字纹在器物中出现的频率越来越高。其中，“寿”与“福”字纹是常用的纹样。“寿”字纹代表长寿，有多种构图图形，变化十分丰富，比如有长寿纹、圆寿纹等。“福”也是我国的吉祥文字，象征着幸福、福气。另外，福星是我国道教中的吉星，相传福星会根据百姓的善举来恩赐幸福，福星同样象征着幸福美满。民间百姓为了追求美满幸福的生活，常在生活用品中装饰“福”字纹。

该香炉整体器形古朴大气，炉腹雕刻的“寿”“福”字纹表现出民间文化“言必有意，意必吉祥”的特点，也体现出百姓对于长寿多福的追求。

名称 /
木质双耳香炉
规格 /
长 470mm 宽 100mm 高 370mm
材质 /
木
地域 /
山东

名称 /

木质双耳"福"字纹香炉

规格 /

长 460mm 宽 120mm 高 365mm

材质 /

木

地域 /

山东

名称 /
立耳四足绿釉木质香炉
规格 /
长 100mm 宽 100mm 高 170mm
材质 /
木
地域 /
山东

该香炉木质，方口，方腹，四足。表面设绿釉，炉腹有雕花，雕花纹样施黄色漆。香炉底部设有底座，使香炉放置时更加稳固。

香炉器形与方鼎相近，厚重敦实。鼎是周代社会礼制生活的核心。冠、昏、丧、祭、乡、射、朝、聘，凡此八礼皆需用鼎以备飨食，鼎遂成为贵族身份乃至国家政权的象征，并形成一套“辨等列”而“明尊卑”的独特的用鼎制度。[①] 古时人们认为“九”是最高的数字，因此，在用鼎的数量上，周朝天子用九鼎，诸侯用七鼎，大夫用五鼎，而平民若是使用鼎，则会引来杀身之祸。依使用者品级的递减，鼎的大小尺寸是依次递减的，这一严格的等级制度也被称为“列鼎制度”。

① 张闻捷：《楚国青铜礼器制度研究》，厦门大学出版社，2015，第 22 页。

名称 /
木质鼎式炉
规格 /
长 110mm 宽 110mm 高 100mm
材质 /
木
地域 /
河南

该鼎式炉为木质，三足。炉身以阴刻手法装饰吉祥纹样，如长寿纹、团花纹等等，有简有繁，尽显我国传统器具之美。

在我国传统思想文化中，鼎即正器，代表着至尊与王权，有着崇高庄严的象征意义。最初，鼎作为一种烹煮食材的器具被使用。由于商朝人尊鬼崇神，祭祀文化极为发达，鼎自然而然也作为“祀天神、祭地示、享人鬼”的祭祀用器。[①]西周中晚期之后，礼制在我国传统文化中发挥的作用越来越重要，鼎便成了划分社会等级、区别贵贱尊卑身份的一种器具。直到汉代，青铜器才渐渐退出历史舞台，鼎也变成了一种象征祥瑞的器具。因鼎常用于祭祀，兼具辟邪功能，鼎式炉便成了香炉的主要器形之一。

① 田梓榆：《十四世纪前中国古代香具典型器研究》，博士学位论文，中国美术学院，2018，第 86 页。

名称 /
鼎式炉
规格 /
长 120mm 宽 100mm 高 100mm
材质 /
陶
地域 /
河南

该香炉为鼎式炉，表面整体施绿釉，炉口呈圆形，炉腹雕刻文字，三足。相较于官窑中烧制出的精美华丽的香炉，该香炉具有独特的肃穆粗犷之美。

过去百姓祭祀，烛台、香炉、杯盏等都是必不可少的物件。人们要通神达道，必须焚香，俗谓“人是一句话，神是一炉香”。[①] 民间俗信认为，由香烟和香气直上升天，便可通达神明；香气馥郁，可驱除邪恶。香炉作为焚香的器皿，其使用有不少讲究。香炉中的充料各有不同，有用净沙的，也有用麦或五种粮食的。插在香炉中的燃香数量也有说法，比如，家祭时香炉中燃香的数量以一、三、五为吉利，这种做法延续至今，如今百姓进香一般还是以一炷香或三炷香为主。此外，供奉时香炉内的香火应昼夜不断，若一炷香燃尽，只可说“香尽了”，不能说“烧完”“烧光”，那样不吉利。这些约定俗成的进香习俗，体现出我国百姓对于天地、宗法制度的敬重。

① 潘鲁生主编《中国民间美术全集·祭祀编·供品卷》，山东教育出版社、山东友谊出版社，1993，第 12 页。

名称 /
香炉
规格 /
长 140mm 宽 60mm 高 130mm
材质 /
石
地域 /
山东

图中香炉为石质，给人以厚重之感。炉口为方形，炉口边沿微微向外延伸，炉腹雕刻圆形方孔铜钱纹样。铜钱纹是一种装饰性极强的吉祥纹饰，因其纹饰造型与我国古代的圆形方孔铜钱相似而得名。自秦始皇统一货币，铜钱纹样便作为财富与吉祥的象征，在民间流行开来，有着招财纳宝的吉祥寓意，被广泛应用于民间家具、瓷器、建筑雕刻、木刻、剪纸与服饰中，深受百姓喜爱。

香炉底部中空，一方面可以减轻石质香炉的重量，另一方面，在视觉效果上，能够避免给人压迫沉重的感受。

名称 /
双耳三足锡制香炉
规格 /
长 370mm 宽 140mm 高 310mm
材质 /
锡
地域 /
山东

图中香炉以锡为材料制成，造型别具一格，炉口呈圆形，束颈，鼓腹，三足，足部造型矮小圆润。香炉的双耳自炉腹开始往外延伸，双耳与炉口两侧还各有一个连接点，使香炉更具一体性，也为香炉的整体造型增加了美感。一侧炉耳与炉口连接处已断裂，但不影响香炉整体美观。香炉表面不做过多修饰，整体形象简单大方。

名称 /
香炉
规格 /
长 90mm 宽 90mm 高 80mm
材质 /
铁
地域 /
山西

图中香炉以铁为材料制成，造型圆润简洁，炉口呈圆形，炉颈微收，炉腹为扁圆状，炉腹下接三足，三足外倾，以便香炉放置更加稳固。香炉双耳从炉口两侧向上延伸，并且微微外张。仅炉颈处缀有一圈连珠纹作为装饰，由八颗铁质实心圆球组成，简单大方。香炉造型像极了古时的钱袋或聚宝盆，暗含吉祥富贵寓意。

名称 /
青花纹香筒
规格 /
长 105mm 宽 120mm 高 280mm
材质 /
瓷
地域 /
山东

图中一对瓷制香筒为白底蓝釉，表面装饰缠枝纹和宝相花纹，釉色明净。缠枝纹与宝相花纹都是我国传统的吉祥纹饰。缠枝纹也称连枝纹、转枝纹、万寿藤等，是以卷草、藤蔓为原型创作加工形成的吉祥纹样。缠枝纹是在传统云纹的基础上发展而来的，于汉代逐渐发展成熟，唐宋元时期最为流行，延续使用至今。缠枝纹结构连绵不断，优美婀娜，富有动感，具有生生不息的美好寓意。

宝相花亦称宝花花、宝仙花，是由莲花、牡丹等形象变化而成，因其造型华贵富丽而得名。宝相花纹是佛教图案纹样的一种，东汉时期传入我国，到隋唐时期已十分盛行，宋元明清时期更是达到高峰。宝相花纹造型饱满，富有层次，具有雍容华丽的美感。

图中青花纹香筒为六边形，整体造型修长。香筒表面的吉祥纹样经白底衬托，更显清新雅致。香筒上有多处镂空，便于燃香时香气溢出。整体造型简洁，突出了青花瓷器的素雅纯洁之美。

名称 /

盘龙纹烛插

规格 /

直径 45mm 高 250mm

材质 /

木

地域 /

山东

烛插为木质，圆筒状，内部刚好可以插进蜡烛。烛插底部设有圆洞，可通过圆洞将烛插安置在烛台上。烛插表面施有红漆，红漆外部雕刻镂空金色盘龙纹，整体色彩鲜艳，造型生动。

受传统文化的影响，我国有一套独特的色彩观念。在百姓心中，色彩被赋予特殊的文化含义，成为一种主观的图式与符号。比如，红色鲜艳明快，象征着生活的热烈红火，因此，民间多用于婚嫁、生子、节庆活动等喜庆场合。

图中烛插将红色和黄色巧妙地结合在一起，形成了强烈的色彩对比，也增加了喜庆欢快的气氛，多用于婚嫁场合。烛插外部雕刻的盘龙纹表现出对新人今后幸福生活的美好祝福。

名称 /
香筒
规格 /
直径 90mm 高 240mm
材质 /
木
地域 /
山东

图中香筒为圆筒式，木质。香筒下半部分有条纹镂刻设计；上半部分有四处镂空图案，其中两处为葫芦造型，富有层次性。葫芦纹作为我国古老的吉祥符号，有着深厚的文化底蕴。

葫芦谐音为“福禄”，被视为富贵的象征。又因葫芦属草本植物，其枝茎称作“蔓”，与“万”谐音，“蔓带”又同“万代”谐音，“福禄”“万代”有“福禄寿”齐全之意，因此，民间常视葫芦图案为吉祥的象征。葫芦产籽十分丰富，繁殖能力强，百姓还将葫芦视为多子的象征。葫芦的形象常出现在民间艺术中，有着广泛的群众基础，并且影响深远，在现当代艺术中仍充当着相当重要的角色。

该香筒巧妙地运用了葫芦的形象，一方面通过葫芦来表达对多子多孙、美好幸福生活的追求；另一方面，葫芦图案经过镂空处理，方便线香香气从香筒中溢出。

名称 /
蜡马烛台
规格 /
长 110mm 宽 50mm 高 100mm
材质 /
陶
地域 /
山东

烛台是生活中使用的燃蜡用具，古时也称“金奴”“烛奴”。烛台最早出现于春秋时期，到三国两晋时期开始出现人形、动物形烛台，并大量生产。

图中烛台以马为造型，下设底座。因年代久远，底座一角略有损坏。此烛台于马鞍处设置插管，用来放置蜡烛。烛台整体粗犷古朴，马的形象被塑造得劲挺有力。该烛台也注意对细节的刻画，如马的身上雕刻花卉图案，马颈、马尾处采用阴刻手法剔除多余线条，呈现出毛发根根分明的效果，可谓于古朴中见细腻，粗朴稚趣。

名称 /
供狮烛台
规格 /
长 400mm 宽 150mm 高 140mm
材质 /
纸
地域 /
山东

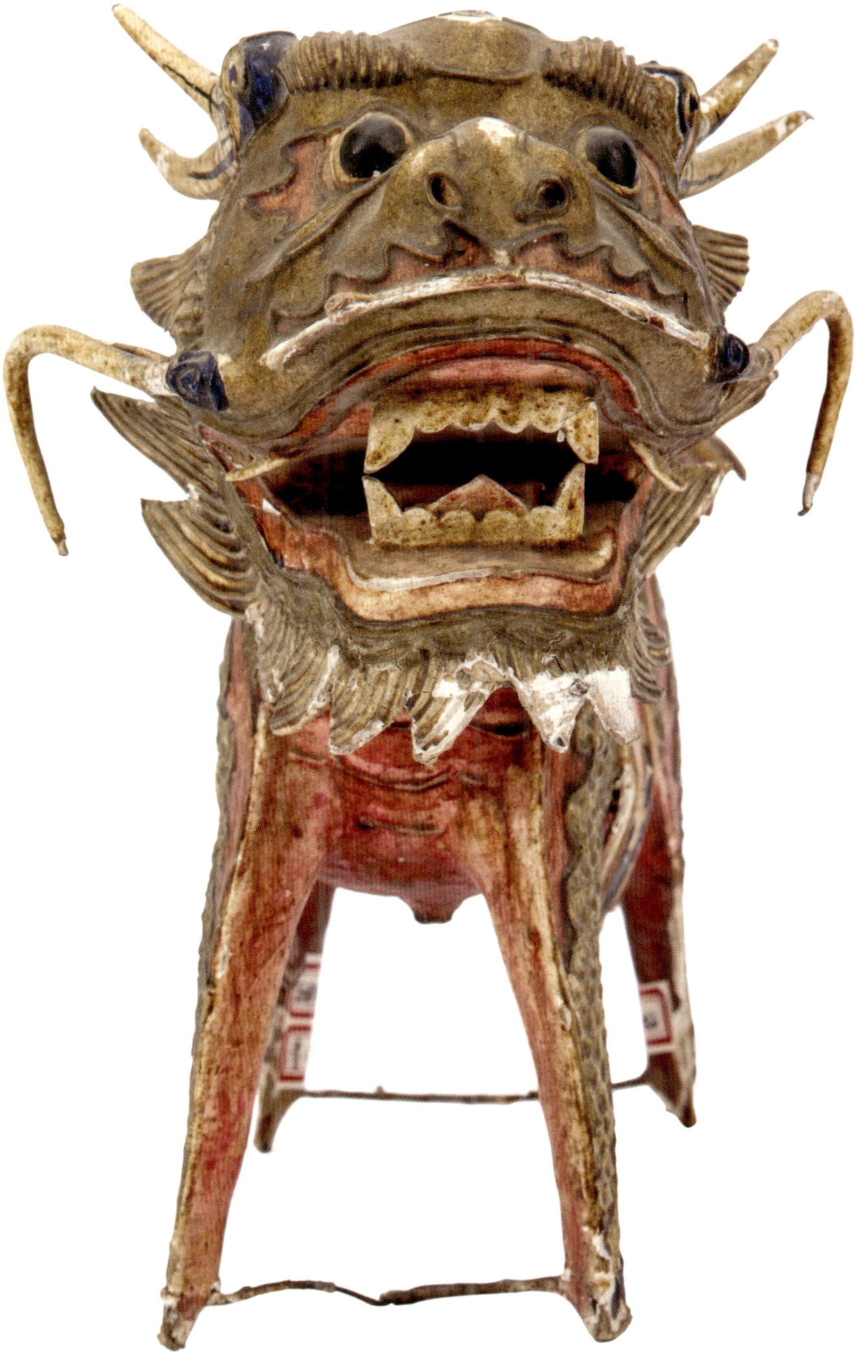

该供狮烛台为纸质，被塑造成了狮子的形象。狮子头部偏向一侧微微上扬，嘴巴张开露出獠牙，胡须向上翘起，显得俏皮可爱。狮子四肢修长，双腿间以绳条固定，这样能够使身体的重量向两边分散，减轻腿部压力，进而增加烛台的稳固性。狮子背部披有障泥。障泥一般是指垂于动物腹部两侧，用于遮挡尘泥的饰物。障泥中间是一根立柱，用于插放烛台和蜡烛。该烛台细节刻画精美，狮子身上的毛发根根分明，十分细致。

因狮子拥有“百兽之王”的地位，所以古时百姓赋予了狮子驱邪避祟的象征意义，常于陵墓、府邸门前设置石狮形象以表现家族威望势力、镇宅驱邪。艺人将烛台供具塑造成狮子的形象，说明该烛台被寄予了避邪镇祟、消灾消难的厚望。

名称 /
供狮烛台
规格 /
长 450mm 宽 200mm 高 270mm
材质 /
纸
地域 /
山东

民间供品

相糖模具

相糖是鲁西南地区一种以白砂糖为原料，塑造成狮子、柱子、塔、牌坊、丞相等形象的祭祀风俗食品。其高五六寸到八九寸不等，主要流传于山东菏泽地区，如曹县、单县等地。[①]“相糖”，古时称“飨糖”，早在明代《本草纲目》中就有关于“飨糖”的记载：“以白糖煎化，模印成人物狮象之形者为飨糖。”[②]

下页牌坊相糖模具共有六片，内部雕刻的是牌坊的图案。牌坊最上方屋脊处装饰卷云纹。牌坊共有两层飞檐，飞檐处装饰的花纹皆以阴刻手法雕刻而成。左右两片牌坊图案呈对称状分布，只有正中间的模具上刻有不同的文字。将牌匾处的文字合起来读是“万古流芳”。柱子上竖向雕刻吉祥文字“福如东海”“寿比南山”“长命富贵”“金玉满堂”。

在制作相糖时，只需将这六片模具按顺序组合在一起，再于模具底部开口处灌入熬制好的糖汁，待糖汁在模具内冷却凝固，便能得到一个立体饱满的牌坊状相糖。

① 唐家路、王拓：《饮食器用》，中国社会出版社，2010，第229页。

② 李时珍：《本草纲目·金陵本》（拾肆），中国医药科技出版社，2016，第3551页。

名称 /
牌坊相糖模具
规格 /
长 170mm 宽 50mm 高 220mm
材质 /
木
地域 /
山东

名称 /
牌坊相糖
规格 /
长 165mm 宽 45mm 高 215mm
材质 /
糖
地域 /
山东

名称 /

宝塔相糖模具

规格 /

直径 126mm 高 425mm

材质 /

木

地域 /

山东

该相糖模具共有六片，组合起来，内部便是宝塔的形状。在菏泽地区，宝塔状相糖常成对出现，并与其他相糖组合使用。组合方式多种多样，比如“小五顶”包括一对丞相、一对狮与一座塔，“大五顶”包括一个大牌坊、一对丞相与一对狮，“七顶”包括一对丞相、一对狮、两个冥柱与一个牌坊；“大九顶”包括一对丞相、一对狮、一对塔、两个冥柱与一个牌坊。相糖作为民间祭祀的供品，使用起来讲究颇多，体现了我国百姓重礼仪、讲孝道，对祖先、逝者有深深的怀念之情。

该相糖模具内部雕工细腻，装饰纹样形象饱满。六片模具最下方都刻有花朵纹样，花朵形象、大小皆相同，雕刻线条流畅。花朵纹样的上方为宝塔的塔身，共九层，且越往上塔身越小，最上面的一层塔身直接连接着塔顶，使得整座宝塔富有极强的层次感。相糖模具拼合好后，上窄下宽，这种形状便于将熬制好的糖汁灌入模具内。

名称 /
丞相相糖模具
规格 /
长 100mm 宽 50mm 高 220mm
材质 /
木
地域 /
山东

名称 /
丞相相糖
规格 /
长 97mm 宽 45mm 高 215mm
材质 /
糖
地域 /
山东

名称 /
宝塔相糖
规格 /
直径 60mm 高 280mm
材质 /
糖
地域 /
山东

名称 /
丞相相糖
规格 /
长 97mm 宽 45mm 高 215mm
材质 /
糖
地域 /
山东

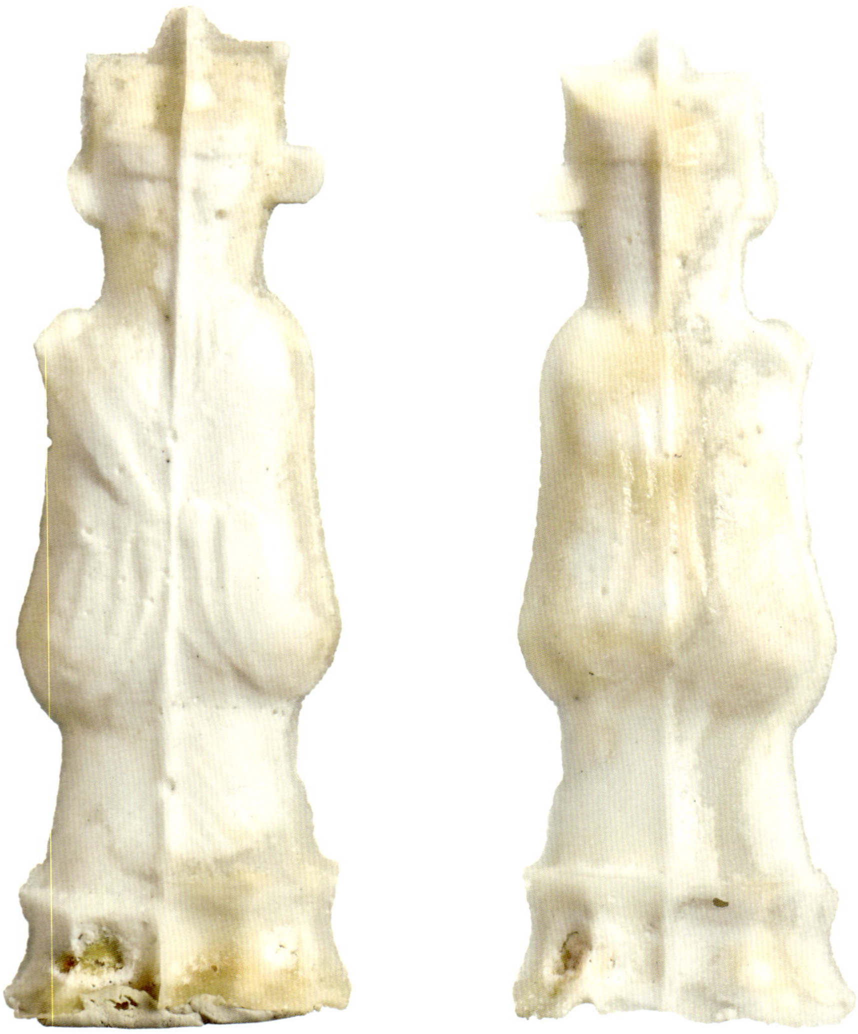

山东省菏泽市曹县的相糖模具多用梨木制成，为与花梨木做区分，当地称其为“家梨木”。梨木软硬适中，纹理细腻，便于雕琢刻画，又经久耐用。有些相糖模具也用杨木，相较之下，杨木木质较软。

制作相糖模具的工序十分烦琐。首先要选取一块合适的木头，将木头锯成尺寸适宜的圆柱形或方形木块。之后，手工艺人要找出木块的中线，沿着中线纵向将木块锯成等大的小木块，再按同样的方法重复操作，因为相糖模具多由大小完全相同的两块、四块或六块木头构成。另外，由于相糖是立体造型，为了区分正面和背面，一般要在相糖模具的外部做好标记方便后续操作。

接着需要在分割好的相糖模具内部雕刻造型花样。一般先将硬纸板剪裁成所需的形象，然后在木板上按硬纸板的轮廓进行描绘。将描绘好的木板放进清水中浸泡一天，取出木板后用木槌敲击圆刀，凿出相糖模具立体的部分，这道工序当地人称为“制坯”。制坯完成后，一般先进行粗雕，即于制好的坯上大体刻出外形，再根据木材的纹理及所刻形象将模具表面修理光滑，最后进行细雕，用凿刀、斜刀等工具将造型细部处理干净。

将相糖做成丞相的形象，是因为丞相的职能是辅佐君王，在供品里有侍奉的含义。丞相相糖既表现出对逝者的敬重与关怀，也有对后代子孙仕途顺利的美好祝愿。

名称 /
狮子相糖模具
规格 /
长 200mm 宽 75mm 高 258mm
材质 /
木
地域 /
山东

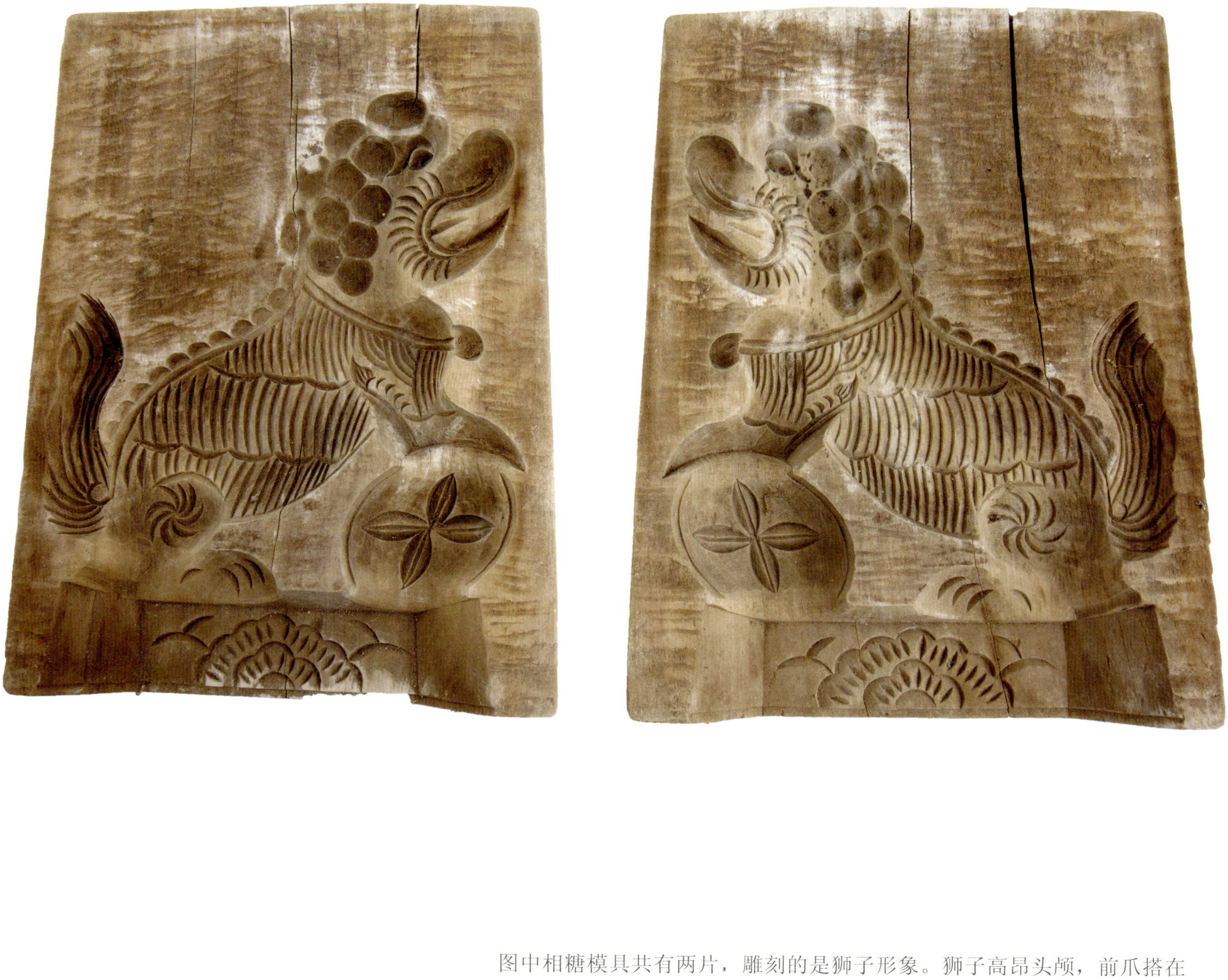

图中相糖模具共有两片，雕刻的是狮子形象。狮子高昂头颅，前爪搭在绣球上，尾巴翘起，脖子上挂有璎珞，呈现出一种活泼喜人的姿态。该模具雕刻手法精细，绣球处和狮子后爪处都有装饰纹样，模具下方刻有花枝纹样，显得雅致精美。作为供品，以狮子为造型的相糖更能营造威严气氛。

名称 /
狮子相糖模具
规格 /
长 97mm 宽 60mm 高 254mm
材质 /
木
地域 /
山东

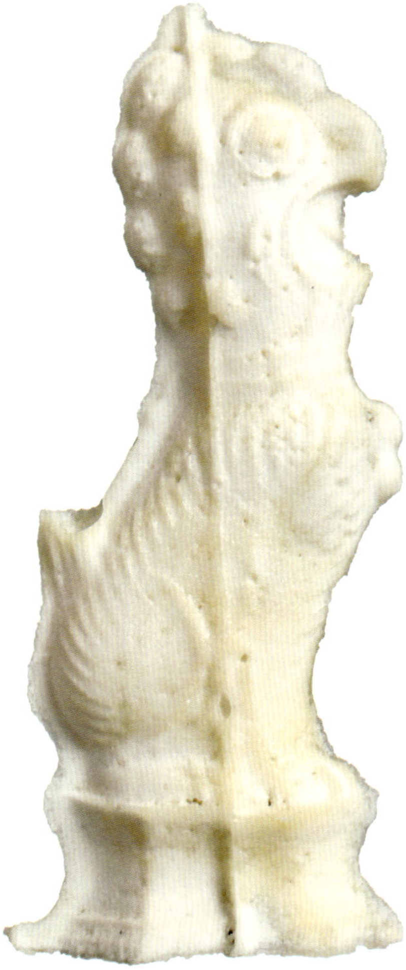

名称 /
狮子相糖
规格 /
长 95mm 宽 55mm 高 250mm
材质 /
糖
地域 /
山东

名称 /
冥柱相糖模具
规格 /
直径 59mm 高 240mm
材质 /
木
地域 /
山东

名称 /
冥柱相糖
规格 /
直径 54mm 高 235mm
材质 /
糖
地域 /
山东

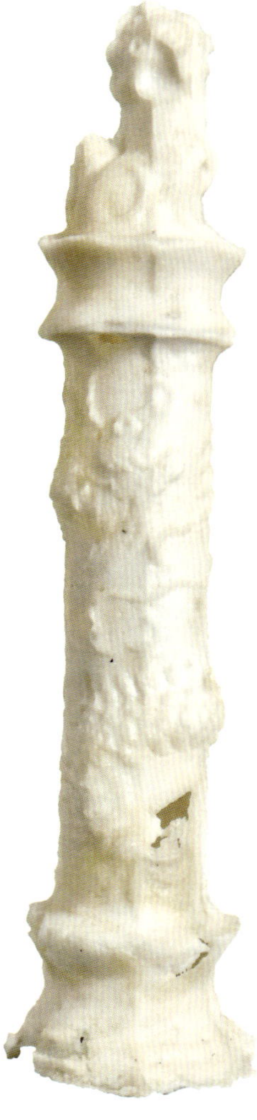

菏泽民间，一般会在老人去世后第三天、三七、五七、第一百天、一年、三年等日子，以相糖作为供品。上页上方图片为冥柱相糖模具。冥柱相糖是山东曹县地区一种常见的相糖形式，冥柱有铭记之意，在祭祀活动中使用冥柱相糖，体现出人们对逝者的尊重与怀念之情。模具整体外形为圆柱状，共分为四片，内部雕刻手法细腻，塑造了盘龙和狮子形象。

龙是我国神话中的动物，是瑞兽之一，它被百姓赋予了避邪除祟、禳除灾难的能力，并一直被视为中华民族的图腾。将龙的形象雕刻在相糖模具中，蕴含着百姓对无灾无难生活的向往。

狮纹也是常见的传统纹样。在我国的传统文化中，狮子被认为是可以辟邪的动物，也可以预卜灾祸，狮子还有守护家园的职能。图中的相糖模具将龙和狮子的形象组合在一起，充满着祥瑞之意。

名称 /
冥柱相糖
规格 /
直径 54mm 高 250mm
材质 /
糖
地域 /
山东

名称 /
八仙寿桃相糖模具
规格 /
直径 118mm 高 165mm
材质 /
木
地域 /
山东

图中相糖模具共有四片，内部采用阴刻的雕刻手法，塑造出了生动的寿桃形象。每片模具中间刻字，组合而成“八仙寿桃”四字。

在山东民间，相糖除了用作供品外，还有一部分可以在寿诞、婚嫁、春节期间的祭祀等场合使用。比如，民间常用寿桃、仙鹤、青松等动植物来象征长寿，传达美好的祝愿。寿桃造型的相糖大多用于为老人祝寿，一般在制作完成后，会在表面点染红色，这样更能烘托出喜庆的气氛。

名称 /
寿星相糖模具
规格 /
长 118mm 宽 51mm 高 141mm
材质 /
木
地域 /
山东

图中相糖模具运用阴刻手法，生动地表现出寿星的形象。人物面带笑容，额头凸起，留有长须，一手托仙桃，一手扶拐杖，形象十分饱满。寿星的衣纹处理得十分细腻，寥寥几笔就雕刻出衣袍宽松的感觉。

以寿星为造型的相糖常用来为老人祝寿，表现出菏泽百姓对延年益寿、健康幸福生活的追求。

名称 /

寿仙相糖模具

规格 /

长 130mm 宽 71mm 高 295mm

材质 /

木

地域 /

山东

名称 /
福寿双全相糖模具
规格 /
直径 60mm 高 150mm
材质 /
木
地域 /
山东

该相糖模具整体呈圆柱状，模具共有四片，每片分别刻字，组合成“福寿双全”四个字。将四片相糖模具按顺序扣合为一体，从模口倒入熬制好的糖汁，将糖汁在模具内迅速旋转一周，从底部倒出多余的糖汁，待其凝固后，一个寿桃形状的相糖便制作完成了。

圆柱形相糖模具的制作方法与方形模具类似，也是先找出木块的中线，再将木块均分成四块、六块，甚至更多。模具平均分成的块数越多，在取相糖时，相糖的造型越完整不易碎，造型也更立体、生动。

名称 /
八仙寿桃相糖模具
规格 /
直径 200mm 高 230mm
材质 /
木
地域 /
山东

该相糖模具共由四片组成，每片模具上刻有两个八仙人物。将四片模具组合在一起，从底部灌入熬好的糖汁，待糖汁凝固后，便可得到寿桃造型的相糖，寿桃上还饰有八仙形象。

图中相糖模具通过对细节的刻画，将八位仙人的形象生动地表现出来。比如，手持葫芦的为铁拐李，头扎两发髻、持扇的是钟离权。民间手工艺人通过八仙手中的宝器来暗示人物身份的方式，为该相糖模具增加了趣味性，体现出民间手工艺人的聪明才智。

名称 /
钟离权神像相糖模具
规格 /
长 166mm 宽 72mm 高 365mm
材质 /
木
地域 /
山东

钟离权神像相糖模具分为两片，分别为钟离权的正面像与背面像。钟离权头扎双髻，留有长须，手执棕扇，身着长袍，一副老者模样。木刻线条流畅，纹理清晰，将衣纹的褶皱和衣衫的飘逸表现得恰到好处。

钟离权是道教八仙之一，姓钟离，名权，字云房。钟离权的形象常出现于相糖模具之中，丰富了山东相糖模具的种类。

名称 /

石榴相糖模具

规格 /

直径 115mm 高 180mm

材质 /

木

地域 /

山东

图中相糖模具共有六片，其中四片的中间分别雕刻“百”“子”“千”“孙”四字，另外两片雕刻的是花卉图案。这六片模具组合起来便构成了一个开口的石榴造型。因为石榴多籽，所以在我国民间，石榴常具有多子多孙的象征意义。该相糖模具便是运用石榴这一素材，再加上模具内部雕刻的“百子千孙”文字，表达对子孙满堂的幸福生活的追求。石榴相糖模具制作出的相糖多用于婚嫁、生子等喜庆的场合。

名称 /
动物相糖模具
规格 /
长 220mm 宽 75mm 高 258mm
材质 /
木
地域 /
山东

图中相糖模具共有两片，呈对称状分布。模具内部采用阴刻的雕刻手法，塑造了一只公鸡。公鸡的羽毛以井然有序的竖状线条表现，尾巴处点缀花纹。昂扬的鸡冠，圆睁的眼睛，塑造出生动的公鸡形象。

鸡，日出而鸣，经年如一。原始先民认为，是鸡的鸣叫唤出了太阳，因此古人十分崇拜鸡。如汉代《括地图》说："桃都山有大桃树，盘屈三千里，上有金鸡，日照则鸣。"[1] 鸡的形象不断被神化，后有学者考证，凤凰的原型便是参考了鸡的形象。又因鸡谐音为"吉"，寓意吉祥，民间将鸡作为祭祀供品。

① 赵宪章、朱存明：《美术考古与艺术美学》，上海大学出版社，2008，第 95 页。

名称 /
动物相糖模具
规格 /
长 234mm 宽 84mm 高 255mm
材质 /
木
地域 /
山东

图中相糖模具内部雕刻马的造型。其鬃毛竖立飘逸，嘴巴大张，让人觉得马在嘶吼。马尾上的毛根根分明，身上的毛发也雕刻得十分精细。该模具下方还刻有花枝纹样，为模具增添了几分生机。

名称 /
动物相糖模具
规格 /
长 232mm 宽 79mm 高 272mm
材质 /
木
地域 /
山东

图中相糖模具以鱼为表现对象，共有两片，图案呈对称状。鱼的形象饱满生动，它张着嘴巴，鱼身两侧分别雕刻背鳍与腹鳍，鱼尾高翘。鱼身处使用凿刀凿出一个个排列整齐的弧形，以此作为鱼鳞。

在古代社会，鱼由于繁殖率高，怀卵量大，常作为繁衍、生殖的符号出现，被人们赋予多子多孙的吉祥寓意。因“鱼”谐音为“余”，百姓又赋予其年年有余、喜庆祥瑞的寓意。鱼纹作为传统吉祥图案，常出现在民间艺术中，沿用至今。

此外，鱼在民间常作为祭祀供品。菏泽民间习惯将鸡、猪、鱼的形象制作成相糖，作为供品祭祀祖先，以表达对逝者的思念。

名称 /
动物相糖模具
规格 /
长 207mm 宽 85mm 高 254mm
材质 /
木
地域 /
山东

名称 /
十二生肖相糖模具
规格 /
长 95mm 宽 65mm 高 220mm
材质 /
木
地域 /
山东

这是一组雕刻十二生肖动物形象的相糖模具，每个模具分为四片。每个模具中的动物姿势类似，为立身坐姿。为了区分十二生肖的形象，模具突出表现各个动物的特征，比如，鼠的尖嘴巴、长尾巴，虎的纹路，猪的鼻子等等。该组相糖模具通过对动物细节特征的刻画来表现相糖主题，生动有趣。每个相糖模具底部还刻有“生日快乐”四字，由此推断，该组相糖多用于祝寿。另外，过去有钱人家祭祀先人，光相糖就要定做七十二件，其中也包括十二生肖题材的相糖。

名称 /

十二生肖相糖模具

规格 /

长 97mm 宽 70mm 高 200mm

材质 /

木

地域 /

山东

名称 /

十二生肖相糖模具

规格 /

长 85mm 宽 52mm 高 218mm

材质 /

木

地域 /

山东

名称 /

十二生肖相糖模具

规格 /

长 95mm 宽 65mm 高 220mm

材质 /

木

地域 /

山东

附录

神像之源

——中国民间俗神故事选编

观世音菩萨　据说观世音也曾出过嫁。她出嫁以后，婆婆虐待她……忙完家活还得下地劳动。有一年，她家种了一大片茄子。茄子长得又高又大，比别人家的好得多。夏天过去了，可是奇怪得很，整片地里没有一棵茄子开花、结果。到了秋天，只有一棵茄子的小杈上，结了一个紫紫的大茄子，看上去好像一个小棒槌。婆婆见此情景，又骂了起来："没用的贱人，白吃饭，要你何用？……给我煮一盘全茄子吃，若煮不烂，抽了你的筋，扒了你的皮。"……说也怪，茄子放在锅里煮也煮不烂。观世音深知婆婆的厉害，她煮呀煮呀，整整煮了三天三夜，茄子才刚有点熟。到了第四天，观世音刚捞出熟透的茄子，放在碗里，摆在院子里。按当时的礼节得先敬天地，然后人才能吃。正在这时，从天上落下来一只黑老鸹，叼起茄子腾空而起。这下子可吓坏了观世音，本来就害怕婆婆，便没敢言语急忙追赶老鸹去了。……观世音撵呀撵呀，总是撵不上。……不知撵了多远，鞋也跑掉了，头发也跑散了，可总算快撵上了老鸹。当她伸手要抓时，那茄子便一下子从老鸹嘴里掉了下来。刹那间，老鸹没有了，茄子也不见了；观世音只见面前有一座巨大的庙宇。来时的路也不见了，到处水茫茫的，全是汪洋大海。从那以后，观世音便在那庙里修起行来，再也没有回过家。直到现在，人们所见到的观音菩萨像，仍是一个披头散发，没有穿鞋的赤脚女人。（讲述者：二馥女 58 岁 邓集村农民；采录者：侯居俊、何茂良 邓集乡文化站干部；1988 年采录于定陶县邓集村）

——《中国民间故事集成·山东卷》编辑委员会编《中国民间故事集成·山东卷》，中国 ISBN 中心，2007，第 231 页。

老子　春秋时，亳州西面有个地方叫曲仁里，风景秀丽。一天早晨，有一位美丽的姑娘在村外的小河边洗衣裳，洗着洗着，忽然看见从上游水面上漂过来一个拳头大的李子，就顺手把它捞了起来。……已日近中午，姑娘又热又渴，就把它吃了。没想到这姑娘从此就怀了身孕。这位姑娘……不婚而孕，压得姑娘抬不起头来。为了把孩子生下来，她忍屈受辱，默默地、孤独地生活着。奇怪的是这位姑娘并没有十月怀胎，而是怀了九九八十一年，方才从肋下生出一子。所传"肋生老子顶生佛"即出于此。当时正值夜晚，霹雳闪电，雷雨交加，孩子生下来须发眉毛都是白的，所以后人称他"老子"。老子一生下来，就会说话，能走动，母亲非常高兴，她长出一口气对老子说："孩子，你没有父亲，门外有一棵李子树，你就姓李吧，长大了要多做好事，给我争气。"说完就死了。因此，老子姓李。由于老子耳朵有三寸多长，所以又叫李耳。（采录者：任爱丽 1990 年 4 月 19 日采录于亳州）

——《中国民间故事集成·安徽卷》编辑委员会编《中国民间故事集成·安徽卷》，中国 ISBN 中心，2008，第 25 页。

碧霞元君　传说，碧霞元君是石敢当的女儿。石敢当……没有儿子，只生了三个姑娘。大姑娘、二姑娘早出嫁了，家里还剩了个三姑娘。三姑娘从小很勤劳，心地很善良。……有一天，她正在山里砍柴，遇上暴风雨，昏天黑地，雨下得很急。她在山里找不到避雨的地方。雨下的时间很长了，一直下到黑天。三姑娘在山里迷了路，出不来了。……她正在为难的时候，发现远处有一处灯火，就朝灯火走去。她走近一看，是个山洞，为了找个藏身之处避雨，就壮了壮胆子，向山洞里走去。走进山洞一看，有个年纪很大的老太太正在围着火堆烤火。三姑娘……求老太太收留她住一晚上。老太太很高兴，留下了三姑娘。从这开始，每次三姑娘到山里砍柴，必定要到山洞里来看看那个老太太……。有一天，老太太对三姑娘说："你是个下凡的仙女，命大福大造化大。你在徂徕山不能住了，徂徕山已经让你压得落下三尺了。……你从这里往西北走，约五十里路，那里还有个大山，叫泰山。你到泰山去住吧！……你先到半山腰去找一棵大松树，在树底下挖，挖下三尺以后，你会发现一个木鱼子。你把木鱼拿出来，搁一边，再往下挖三尺，然后把你穿的绣花鞋脱下一只埋下去，再埋上木鱼子，这样就行了。等封泰山主的时候，你再说话。"三姑娘听了以后，就找到了这棵树，挖了三尺，真挖出了个木鱼子。她就把这木鱼子搁在了一边，又挖了三尺把她的鞋埋上了。这一天，玉皇大帝召集各路神仙，到泰山集会。……玉皇大帝说，这天谁最先来泰山，谁就是当然的泰山神。这时，柴王站出来说："我来得最早，我应当当泰山主。……我在大松树底下埋着念经用的木鱼子哩……"这时，三姑娘走出来，说："我来得最早！……我在大松树底下埋了绣花鞋。"众神仙一听，各有各的理，那就去看看吧！到树下一挖，挖了三尺以后，先挖出个大木鱼子，这说明柴王来得早。这时，三姑娘不干，还叫往下挖，一挖挖出了绣花鞋，这就断定是三姑娘来更早，因为她的鞋是在底下。这样，泰山当家人就得由三姑娘来当了。玉皇大帝就把泰山封给了三姑娘，封号是："碧霞元君"。（讲述者：张广平 男 44 岁 泰山区广播局干部 初中；采录者：徐纪民 男 34 岁 中国民间文艺家协会干部；1980 年 6 月采录于泰山）

——《中国民间故事集成·山东卷》编辑委员会编《中国民间故事集成·山东卷》，中国 ISBN 中心，2007，第 193—194 页

王灵官 王灵官家住泰山背后的一个小村庄，是个杀猪卖肉的。……有一天，王灵官起早赶集卖肉，挣了不少钱。……回家时，王灵官走到一个林地边上，看见里边有三个火蛋一上一下地跳。他不害怕，走到跟前一看，见一只老狐狸睡着了，三颗明晃晃的宝珠正从它嘴里往外跳，……王灵官吃了俩仙丹，回到家里，……王灵官就把路上吃了仙丹的事说给媳妇听。媳妇说："你有这两下子，我看别卖肉了，不如当小偷去。"……他把偷来的东西给穷人。……朝廷就派三千精兵，把王灵官抓了起来。往京城押送的路上，正走着，碰见路旁有棵大树，王灵官一下子钻进去了。……王灵官被抬到京城里。皇上问他："……王灵官，你敢出来吧？"王灵官说："敢！"一下子就出来了，身上还绑着绳呢。再看那筒，好好的，一点缝也没有。皇上觉得太奇了，就问："你是个活神仙吗？"王灵官立即跪下说："谢主隆恩！"就这样，真的成了神了。泰山老奶奶看中了他，委派他当了报事。泰山老奶奶出门，他头前开路。无论什么消息，王灵官不报，泰山老奶奶不知道。现在，泰山上还有王灵官的庙呢。（讲述者：张宝珠 70 岁 仲宫镇双井村农民；采录者：李全仁 51 岁 县文化馆干部 高中；1986 年 6 月 15 日采录于济南市历城区仲宫镇双井村）

——《中国民间故事集成·山东卷》编辑委员会编《中国民间故事集成·山东卷》，中国 ISBN 中心，2007，第 224—225 页。

周公和桃花女　周公有个老家人叫祸害，八十岁了。祸害说："老爷天天给人算卦，今儿个你也给我算一卦，看我还能活多久？"周公一算："不好，你只能再活半月。……"祸害还想活呀，……他先找着桃花女她爹求告。情面推不开，老头儿只得去求女儿。……桃花女对祸害说："明天天一黑，你在奶奶庙里摆一桌好酒菜，你抱个七斤四两重的白公鸡，藏到桌子底下。到二更天，八仙从这儿路过，一见酒菜，他们一定要吃喝。只要一吃喝，你就叫他们添寿。他们要是不添，你就用筷子夯鸡头。"天一黑，祸害就在奶奶庙里摆一桌酒菜，抱个大白公鸡藏到桌子底下。天刚二更，八仙果真来了，一看有一桌现成的酒菜，喷香，都高兴地吃了起来。这时，祸害在桌子底下说话了："请八仙添寿！"八仙说："祸害呀，你快死的人了，还添啥寿啊！"祸害用筷子在鸡头上夯了一下，鸡子叫一声，八仙个个觉着头晕眼花。祸害又叫他们添寿，八仙只得一人给祸害添了一百岁。祸害后来活到八百八十岁才死。"好人不长寿，祸害一千年"就是从这儿说起的。祸害该死没死，周公问他是咋回事。祸害看瞒不住，就把桃花女的破法给他讲了。……周公派人给桃花女送彩礼，要娶她做偏房。周公势力大，桃花女不敢不从。别人家办喜事，都挑黄道日。周公偏偏把"好儿"[1]定到黑道日，还派二鬼把门，太岁压顶，要把桃花女治死。花轿抬到周公门前，桃花女不下轿，叫人把犁铧烧红，往上泼醋，把二鬼给熏跑了。桃花女还不下轿，让周家从轿门口到洞房一路都铺上席，然后头顶红纱，踩着席平平安安地走进了洞房。后来新媳妇进门泼醋，顶红纱，踩席走，这些规矩都是从桃花女以后兴的。周公暗害桃花女没害死，就撕破脸皮明着干，拿刀要杀桃花女，两人就打了起来。刚好祖师爷从这儿路过，就把周公和桃花女收为站班的。祖师庙里的老周公和少桃花不对脸，就是因为前世有分。（讲述者：毛振岗　男　72岁　开封县曲兴乡曲兴村农民　私塾2年；采录者：毛文吉　男　41岁　开封县曲兴小学教师　中师；1988年3月22日采录于开封县曲兴乡曲兴村）

——《中国民间故事集成·河南卷》编辑委员会编《中国民间故事集成·河南卷》，中国ISBN中心，2001，第184—185页。

[1] 好儿：结婚的吉日。

文武财神　中国的财神有大有小，小者多不知名，大者有“文武财神”。所谓“文武”，与财物的获得并无直接关系，而是借重于他们在文武方面的名气；他们也不一定腰缠万贯，积财如山，而是在商业道德方面和经营方式方法上有一些高明之处，如货真价实、公平交易、童叟无欺、和气生财等。主要的大财神有以下四尊：武财神——关公与赵公元帅；文财神——比干与范蠡。……关公为尊称，他是三国时期蜀汉大将。姓关名羽，字云长，河东解县（今山西运城）人。他的事迹被封建统治者渲染，加以神化，尊为“关公”“关帝”。……他是员大将，与财富无关，为什么被奉为财神呢？就因为他的忠诚和信义，这也是经商的最高原则。……赵公明本属虚构，有些情节几乎串联不起来。他的形象特征是：面黑多须，头戴铁冠，手执钢鞭，披甲骑虎。据说他是终南山人，曾为张天师守过玄坛（斋坛），被天帝封为“正一玄坛赵元帅”，因骑黑虎，又称“黑虎玄坛”。相传隋文帝时，他又成为“五瘟”之一，至人间降瘟。……比干是殷纣王的叔父，也是殷商时忠正耿直的著名大臣。他见纣王荒淫失政，暴虐无道，常直言劝谏，惹怒了纣王，于是纣王派人剖出了他的心，看看是否忠良。比干被后世奉为财神，是因为他心地纯正，率直无私，可谓商人的表率，并非本人是大财主。范蠡是春秋时期越国大夫。吴越战争中，辅佐越王勾践刻苦图强，灭亡了吴国。他看出越王勾践的为人，“可与共患难，而不可共处乐”，便浮海到了齐国，在齐国的陶邑定居下来，改名“陶朱公”，经商发了大财，遂为后世所赞美。

——张道一：《纸马：心灵的慰藉》，山东教育出版社，2018，第351—356页。

灶神　灶王爷原本是一个富家子弟，姓张，名禅。娶妻之后，本来生活过得十分美满。谁知他喜新厌旧，休掉妻子。妻子无奈，只好另居他乡，艰难度日。张禅则过着花天酒地的生活。天有不测风云，一年冬天，张家突遭大火，家业烧光，张禅也被烧成了瞎子，只得以乞讨为生。一日，张禅讨饭来到一家门首，好心的女主人好菜好饭地招待了他。言谈之中，张禅发现这位女主人竟然是自己休了的前妻，于是羞愧难当，便一头扑进灶火里烧死了。玉皇大帝见张禅浪子知回头，便封他为灶君，让他司察人间的功德善恶，并让他每年的腊月二十三日回天庭汇报一次。玉皇大帝根据他的汇报，再将这家人在新的一年中应该得到的吉凶祸福交到灶君之手。

——徐雪辉、单天昱：《节日民俗事象与文学书写》，山东大学出版社，2014，第220—221页。

土地神　土地神原名社，敬土地神的日子，称作社日。自古以来，除敬天以外，民间就以敬土地为最紧。但“土地广博，可遍敬”，故封土地为社而祀之。土地神作为原来意义，具有自然性质。但后来，它转化为具有多种职能的守护神，又称福德神、福德爷，他统理一方，掌居祸福。这时，人格化的倾向也已发生，有人传说土地公是周朝人，叫张明德，为某上大夫之家仆。上大夫在远地上任，家仆背主人幼女去见父，途中遇大雪，家仆脱衣为幼女护身，自己冻死了。死时，空中显现“南天门大仙福德神”八字，主人感其恩，建庙而祀，至周武王，赠号后土，后又称土地公。土地神虽然进了神的行列，但在民间是老百姓心中最平易近人、慈善可亲而神通有限的形象。连他的外表也不过是个圆满、福德的老人。古语有云：“生而眉发皆白者为社公，又叫土地爷，亦称天老。”

——吴绿星：《中国一百神仙》，中国青年出版社，2013，第 56 页。

门神　一到过年，大家小户都贴门神，说是不让邪气进门。门神是两张画，一张画的是秦琼手拿双锏，一张画的是尉迟恭手持双鞭。……据说唐朝贞观年间，当朝皇帝是李世民。有一回，有一条龙行错了雨，玉皇大帝派李世民的宰相魏徵去斩这条龙。这条龙知道了，就夜味托梦哀求李世民救它。李世民看它怪可怜，就答应了。说着说着，斩龙的期限到了。就在那天，李世民有意召魏徵进宫陪他喝酒下棋。下了大半天棋，魏徵说他有点困，就趴桌上睡着了。李世民心想：你睡吧，睡到晚上就不能去杀龙了。过了一会儿，魏徵醒了，说他杀了一条龙，李世民不信。到了晚上，那条龙的亡魂来找李世民算账了，吓得李世民一夜没睡着。天一亮，李世民就召魏徵来商量，怎么对付那条龙的亡魂。魏徵说：“派两个武将在门口站岗就行了！”李世民就派正副元帅秦琼和尉迟恭给他把门。真灵，当天晚上那条龙的亡魂就没敢进门。龙魂不敢来了，可这两员大将就太辛苦了，反不能天天夜味站那合！后来，有人就想了一个法，找一个顶管的画匠，把秦琼和尉迟恭的像画下来，贴在门上。一到晚上，那条龙的亡魂还是不敢进来。从那以后，家家户户贴门神，避邪气，一直传到现在。（讲述：霍振乾　62 岁　台儿庄区泥沟镇霍庄村农民　初小；记录：李迪星　16 岁　台儿庄区泥沟镇霍庄村人　学生　初中；1987 年 1 月 15 日采录于台儿庄区泥沟镇霍庄村）

——罗杨总主编《中国民间故事丛书·山东枣庄·台儿庄卷》，知识产权出版社，2016，第 115—116 页。

床神　床神是住宅神中非常重要的神灵之一。人们一生在床上待的时间很长，男女之欢，养儿育女，都离不开床，所以人们对床就产生了一种敬畏的心理。……而民间祭祀床神，一般有三个目的：保佑小孩平安、保佑全家安寝、保佑夫妻和美。……传说床公床婆是周文王夫妇。周文王叫姬昌，是西周王朝的奠定者，他活了97岁。周文王姬昌本来有九十九个儿子，后又在燕山收养了雷震子，凑成百子之数。所以民间传说周文王夫妇生有百子，还将他们夫妇二人当成“多子多福”“儿孙满堂”的楷模，并顶礼膜拜。……俗传床婆贪杯，而床公好茶，所以要“以酒祀床母，而以茶祀床公”，这叫作“男茶女酒”。

——邱芬编写《中国俗神》，黄山书社，2012，第23—24页。

和合二仙　据史料记载，和合二仙本指寒山和拾得两位神僧。寒山，唐代僧人，又称“贫子”，因其在天台山寒台隐居，故自号“寒山子”。拾得也是唐贞观年人，自小即是孤儿，被天台山禅师于路上拾得而带入天台山国清寺中当和尚，因此名为“拾得”。因寒山在国清寺当打杂和尚，拾得经常为其送饭，故二人关系十分要好，常在一起吟诗悟佛，终双双得道成仙。渐至后来，民间又将此二仙的传说附会为寒山、拾得本同住一村，两人虽不同姓但亲如兄弟，哥哥寒山，弟弟拾得。后两人同爱一女，但互不相知，直到寒山要结婚时才知此事，遂弃婚来到苏州枫桥削发为僧。拾得听说后也舍弃此女来江南追寻。后来，二人相遇，开山立庙为“寒山寺”，一同修行成仙。

——乌丙安：《中国民间神谱》，辽宁人民出版社，2007，第160页。

瘟神　隋唐已经开始流传这样的说法：瘟神为五瘟，即春瘟张元伯，夏瘟刘元达，秋瘟赵公明，冬瘟钟仕贵，总管中瘟史文业。到了南宋，又有道士完善上述说法：“东方青瘟鬼刘元达，木之精，领万鬼行恶风之病；南方赤瘟鬼张元伯，火之精，领万鬼行热毒之病；西方白瘟鬼赵公明，金之精，领万鬼行注气之病；北方黑瘟鬼钟士季，水之精，领万鬼行恶毒之病；中央黄瘟鬼史文业，土之精，领万鬼行恶疮痈肿。”据说，“若能知瘟鬼名字，鬼不敢加害，三呼其名，其鬼自灭”。

——宋立达、杜玉春：《瑛像鬼神：图说中国传统神秘文化》，金城出版社，2007，第204页。

猎神　从前，在清江边的雾头山上，有一个姓张的姑娘，三十岁还没出嫁。一天夜里，她梦见一个猎人与她同宿，从此，便怀孕了。十个月后，生了一个男伢子。这伢子长得十分健壮，小小年纪，就常常上山打猎，除了老巴子[1]，别的什么野兽也都捕捉。人们叫他张五郎。每年秋天，成群的野猪总是到田里偷吃苞谷。……张五郎一心要为民除害，打尽野猪。这天，他和伙伴们到了山上不久，狗子一阵狂叫，随着便见一群野猪从茅草丛跑进了刺柯林。恰好有个老猎人早暗暗等在那里，他的枪声一响，便打死了走在前头的一个大野猪。另一个野猪猛一下扑过来，同时用一尺多长的尖嘴往前一撬，把老猎人一下拱到岩下去了。这时候，正好张五郎追到崖边，他连忙伸手抓老猎人，没有抓住，自己倒是先落下崖去。随后，老猎人被山半腰长的树挂了一下，才又往下落，正好落在张五郎的身上，所以没有摔死。好半天，老猎人才从昏迷中醒来，只见张五郎倒立着，头撞碎了，脑浆和血洒了多远。老猎人“哇”的一声痛哭起来，把张五郎背回寨子，埋了。同时请人按照张五郎的相貌雕了一尊神像，供在堂前白虎神位的右侧，从此，人们便尊张五郎为猎神。（讲述者：石子英　男　73岁　土家族　长阳县农民　私塾3年；采录者：杜荣东　干部　初中；1984年3月采录于长阳县白沙驿）

①老巴子：即老虎。

——《中国民间故事集成·湖北卷》编辑委员会编《中国民间故事集成·湖北卷》，中国ISBN中心，1999，第173页。

井神　民间传说，大年三十井神要去东海，向龙王汇报一年的供水情况。初二回来以后，要恭候玉皇大帝视察工作，所以人们初一不挑水，初二一大早再去井上挑水，叫作“抢财”。但也有的地方是在正月初一去井上挑水“抢财”，谁去得越早，谁抢的“财”就越多。在南方一些地区，民间还流传着“井妈照镜”的说法。相传正月初一这一天，是井妈梳妆打扮的日子。人们以一天为一日，而井妈却是以一年为一日，初一这天就是她的清晨了。所以每逢初一，井水是禁止汲用的。因为井里的水面，就是井妈的镜子。如果搅动了水面，井妈就会无镜可照，必然生气，在这一年里就不会施恩赐福给这家人了。

——马书田：《中国民间诸神》，团结出版社，1997，第256—257页。

牛王　古代的农民在深山旷野刀耕火种，日夜辛勤，不得一饱……玉皇大帝问其故。众天官面面相觑，不敢实言。只有牛王据实禀奏。并自请下凡帮助农民耕田犁土，以济民生。玉帝素喜牛王勤劳刻苦，忠厚朴实，不愿他离开天庭，故命他下凡传达“玉皇圣旨”，规定人民“三日一餐”。牛王下到凡尘，了解到“三日一餐”，难以活命，就擅自篡改“圣旨”，叫人民“一日三餐”。牛王回返天庭，如实回报，玉皇大怒，立贬牛王下界为民耕地。并令不得吃饭吃肉，只准终身吃草。牛王怜惜民间疾苦，欣然从命，乐意下凡为民出力。因此土家人民都立祠（牛王庙）祭祀，定四月初八日为“牛王节”。这天，各家耕牛都要休息，并得到生活上的优厚待遇。

——国家民委《民族问题五种丛书》编辑委员会、《中国民族问题资料·档案集成》编辑委员会编《中国民族问题资料·档案集成》（第4辑），中央民族大学出版社，2005，第593页。

火神　火神信仰古已有之，但民间崇信的火神形象不一。有的以史前管理火种不熄的阏伯为火神，有的地区供奉发明钻木取火的燧人氏，有的信仰炎帝，还有的以祝融为火神。其中，祝融是我国长期以来受到广泛祭祀的火神。相传他发现了击石取火的方法，取代了燧人氏的钻木取火，使人们取火更为简单便捷。他还发明了火攻战法，并以此法战胜了蚩尤部落。黄帝为表彰其出色表现，命他掌管天下的火种。祝融以火施化，赢得了人们的敬重，被民间奉为火神，每年秋后对其进行祭拜。

——乌丙安：《中国民间神谱》，辽宁人民出版社，2007，第15页。

水神　据左丘明所著《左传》记载：“共工氏以水纪，故为水师而水名。”共工，姜姓，炎帝神农氏的后裔。据西汉刘安编著《淮南子·本经训》记载：“舜之时，共工振滔洪水，以薄空桑。”共工的治水方法是把高地铲平、低地填高，在平坦的地面上修筑堤坝以治水患。但共工治水只知防堵，不懂疏导，虽历经艰苦卓绝的奋战，仍归于失败。后人缅怀共工的治水功绩，将其奉为中国最早的水神。

——乌丙安：《中国民间神谱》，辽宁人民出版社，2007，第17页。

随类赋形

——中国传统神像塑作绘制技法释义

夹纻像

又称脱胎漆像、夹纻干漆像，相传最早是由东晋戴逵发明的。这种工艺的具体做法是先用泥塑成胎，即塑造出佛像的大致轮廓，架上木架，蒙上纻麻布，然后往上面施漆，一面刷漆，一面细部塑形。经过数十道蒙布、刷漆、塑形之后，待漆干透，将泥胎取出，就制成了中空的佛像。夹纻像体轻，便于搬运，不易损坏，利于长久保存。

——王昕编著《藏传佛像鉴赏与收藏》，湖南美术出版社，2010，第 69 页。

彩塑像

彩塑是一种在用泥、陶等土塑成的造型上施以彩绘的艺术。彩塑分为圆塑和浮塑两种。彩塑工艺的程序有扎骨架、上大泥、上细泥、加固、压光、防裂、打底粉、上彩、贴金、加光、镶嵌眼珠、装挂佩饰等十数道。

——汤兆基编著《中国手工艺·雕塑》，大象出版社，2019，第 39 页。

镂刻

镂刻是雕刻中的一种手法，指向材料内部作挖、刻等方法，保留需要的部分，而将其余部分剔去。镂刻有平面和立体之分，也有单层次和多层次之分。镂刻能表现体积内部层层叠叠、交错穿插的复杂结构。使用的工具通常为长柄刀。

——汤兆基主编《中国传统工艺全集·雕塑》，大象出版社，2005，第 33 页。

圆雕

圆雕是指不附着在任何背景上、占有空间体积、具有完全独立实体和含有部分虚空间的雕塑，适合于多角度欣赏。它是工艺雕塑艺术的主要表现形式。圆雕具有强烈的空间感，最大特点就在于多角度地刻画、表现主体形象。……圆雕实际上是一种运动着的艺术。雕塑本身是三维的，但随着人的脚步与视线的移动，对雕塑的观赏却是四维的。整个圆雕的形态上不断产生丰富的变化，给人以全方位的视觉感受。

——赖荣伟：《陶瓷工艺雕塑与实训》，辽宁美术出版社，2015，第 32 页。

浮雕

指在底面上雕出凸起形象的一种雕塑，即非独立的、有背景的雕像，近似于绘画。根据其相对于底面的凸出厚度，可分为高浮雕（雕像几乎与背景分离）、半突浮雕、浅浮雕以及薄浮雕（类似于作品表面的刮痕）。另有线浮雕、凹浮雕。

——夏征农、陈至立主编《大辞海·美术卷》，上海辞书出版社，2012，第 237 页。

高浮雕

雕塑艺术之一。一般指经过层次压缩处理的浮雕中，从起位线到浮雕面的单像厚度与实物厚度之比超过五分之二者。适于单面观赏。

——夏征农、陈至立主编《大辞海·美术卷》，上海辞书出版社，2012，第 237 页。

浅浮雕

雕塑艺术之一。一般指经过层次压缩处理的浮雕中，从起位线到浮雕面的单像厚度与实物厚度之比约在十分之一内者。类似于平面雕刻的图画。适于单面观赏。

——夏征农、陈至立主编《大辞海·美术卷》，上海辞书出版社，2012，第 237 页。

透雕

透雕也称“镂空浮雕”，或“镂空雕”。透雕工艺是一种镂刻、挖空的技艺。它的特点是在圆雕或浮雕中有透空空间，即在浮雕上保留物像部分，去除物像的托底部分，使浮雕的形象独立出来，也包括用围集、垒加等方法形成透空空间。它把与造型无关的东西完全去掉，并利用造型实形以外的虚形作为表现因素，计白当黑，形式生动并强烈。它或嵌于某一装饰面，或独立于空间，以其空间的通透和虚实的分割，使透雕相对来说显得空灵贯气而不沉闷，既有圆雕轮廓清晰的特征，又兼具浮雕平面舒展的特性。

——赖荣伟：《陶瓷工艺雕塑》，辽宁美术出版社，2017，第 34 页。

开坯

木料取回后放在干燥处阴干，不可暴晒，“脱水”太快木料容易开裂。待木料六七分干的时候便可以开坯。开坯就是要将木料截出与神像等高的木段，再按照比例裁出神像头、身、脚的大致模样。开坯使用最多的工具是锯子（以前是弯把锯，现在是电锯）。

——罗榕华、王柳儿编著《沙县游艺技艺》，厦门大学出版社，2017，第 234 页。

粗雕

根据木坯开出的神像身形，雕凿出神像五官和四肢的“大样”。粗雕过程中剔除木料最多，与神像造型不相关的“废料”都要剔除。经验丰富的木雕师傅，不但要估算神像身形的“大小”，还要预先测算神像手脚姿势的“伸展”（如神像双手合十、盘腿而坐、持法器等）空间，预留与之相对应的木料厚度，以保证木雕的整体性。

——罗榕华、王柳儿编著《沙县游艺技艺》，厦门大学出版社，2017，第234页。

细雕

在粗雕基础上进行的细雕最难，细雕后的作品已基本接近成品，要求很高。例如，眼睛的雕塑就至关重要……眼睛雕得好不好会直接影响到神像有没有神韵。另一个难点是表情塑造，神像的表情往往通过细节来表现，如眉宇、嘴角、腮线等。

——罗榕华、王柳儿编著《沙县游艺技艺》，厦门大学出版社，2017，第234页。

精雕

精雕是木雕神像成品的整修，主要是“过角”的整平与修饰，还有边边角角的平整，精雕讲究的是耐心与细心，犄角旮旯方方面面都要注意到。

——罗榕华、王柳儿编著《沙县游艺技艺》，厦门大学出版社，2017，第234页。

打磨

神像雕塑好之后，放置半个月便可以进行打磨，打磨先粗后细。常用的方法是先用50号砂纸粗打，消除神像上的刀痕和凸点；再用150号或200号砂纸精打，至神像表面光滑顺溜为止。

——罗榕华、王柳儿编著《沙县游艺技艺》，厦门大学出版社，2017，第234页。

鎏金

中国古代在金属器物上镀金的一种方法。始于战国，汉代称作“金涂”“黄涂”，是以金汞合金为原料的金属表面加工工艺，也称“火镀金”或“汞镀金”。具体做法是将金和水银（汞）合成金汞齐，涂在铜（银）器表面，然后加热使水银蒸发，金附在器物表面不脱落，形成鎏金表面层。如以银汞齐为原料，按上述工艺操作即为“鎏银”。鎏金反复次数根据实物要求，少则三次，多则七次。

——王巍总主编《中国考古学大辞典》，上海辞书出版社，2014，第690页。

装饰

装饰是木雕神像的最后一步，主要是粘连胡子和安装法器。有些神像雕塑完毕就要粘胡子，胡子是外购物，购买来后在木雕像两腮或颏下左右两边钻洞，塞进胡须，用水胶粘连，不同人物造型有不同胡须。也有些神像的胡子是雕上去的，如小体形的土地公的胡须是与神像连体雕刻的，最后用黑漆上色，无须加装。神像的法器与胡须一样，有和神像连为一体的，如大多数观世音菩萨的手持净瓶。还有一些神像手持的法器则是雕塑好后加装的，如关公的青龙偃月刀、赵公明的铁鞭、南朝公的宝剑、太上老君的拂尘、太保公的斧头等。

——罗榕华、王柳儿编著《沙县游艺技艺》，厦门大学出版社，2017，第 235 页。

阴刻　木刻版画基本刻法之一。犹如篆刻中的“白文”，在版面上刻出凹线，以凹线为主表现物象。阴刻的画面，黑多于白，以黑为主调。

——夏征农、陈至立主编《大辞海·美术卷》，上海辞书出版社，2012，第 44 页。

阳刻　木刻版画基本刻法之一。犹如篆刻中的“朱文”。在版面上刻出凸线，以凸线为主表现物象。阳刻的画面，白多于黑，以白为主调。

——夏征农、陈至立主编《大辞海·美术卷》，上海辞书出版社，2012，第 43—44 页。

开光　亦称“点光”“开佛眼”。旧时佛像落成时举行的仪式。流行于全国各地。旧日，为新建的庙宇塑造神像或为旧庙宇中的佛像重新修缮、贴金或塑造后，要择日致礼，开始奉祀。该日，各庙宇演戏相庆，并举行开光仪式。各地仪式不尽相同，江南一带相似，如金华地区，入夜，山人召佛魂，每尊佛像前立一纸牌，上书神像尊称，再将鸡一只，立于竹竿之上。男性佛像用雄鸡，女性佛像用母鸡。山人打鼓吹角，召回佛魂。至后半夜，塑佛匠人用笔向佛像眼睛一指，算是为佛开眼，或用新笔蘸水点菩萨眼珠子，表示神灵已经上位。群众乃点烛焚香，叩跪礼拜。善男信女，各置棉花若干，各挑自己所崇奉之佛的塑像，将棉花塞入佛肚，叫“装肚福”。……翌日举行仪式，先在空旷处中间立一木杆，上系表索和一把米筛，米筛中放剪刀、镜、尺并有活鸡一只，然后将书有神像尊称的牌位放椅子上从庙中抬出，至广场中排列。……而后，众人再将神像的牌位抬起，敲锣鼓，绕表索顺三圈，倒三圈，叫“过表”，再抬回庙去，佛像就算成神，“开光”仪典才告结束。

——叶大兵、乌丙安主编《中国风俗辞典》，上海辞书出版社，1990，第 694 页。

彩金像

一种描金工艺，又称“彩晕”。用黄、青、赤等不同颜色倾向的金箔、金粉敷贴扫出图像。

——张道一主编《中国民间美术辞典》，江苏美术出版社，2001，第 447 页。

仿版画法

以墨线版刷印人物轮廓于彩色纸上，或用单色印于素纸上再用笔抹上一道颜色，技法有如版画创作，各地纸马制作多用此法。

——王树村、王海霞：《年画》，文化艺术出版社，2012，第 46 页。

漏版印刷

将多层厚纸裱牢为版，浸以黄蜡，干透后刻出漏版（即与木刻套版刻法相反，需要印色的部分均镂空），再置漏版于画坯上，用棕刷蘸色刷印，色漏纸上，即完成一道工序。

——王树村、王海霞：《年画》，文化艺术出版社，2012，第 46 页。

粉脸·做脸

主要指面部的艺术处理，也涉及手和皮肤部分。粉脸：由于在人物局部多次施粉（如打底、罩粉脸等），使画面形象厚实丰满，鲜明突出，富有装饰性。做脸：指面部艺术处理的程序，有上粉底、染脸、勾脸、烘脸、罩粉、出相子、开眼、染嘴以及画须发等多种处理手段（做大脸要二十余道工序）。

——张道一主编《中国民间美术辞典》，江苏美术出版社，2001，第 109 页。

礼俗互通

——中国民间祭祀礼俗与观念摘录

祭天

祭祀天地，在古礼中又称为“郊祭”，因为祭祀地点在郊外。郊祭又称“禘祭”，《尔雅·释天》：“禘，大祭也”，在祭祀中历来处于最尊贵的位置。祭天之礼以冬至圜丘祭祀昊天为尊，祭地之礼以夏至方丘之祭为尊。……从《礼记》中整理出来的祭天礼主要有如下特征：①祭天用特牲。特，一也，即祭天时使用的牺牲仅为一头。同时，这一头牺牲还要讲究轻小、洁净，最好用牛犊，因为小牛不曾沾染血气之情，在古人的观念中觉得更加纯洁干净。②祭祀礼器宜用陶器。《礼记·郊特牲》：“扫地而祭，于其质也。器用陶匏，以象天地之性也。”陶器取材于自然，性质最接近天地本身，象征其朴素寂静的特征。③祭祀的方法是燔祭，用苍璧礼天。燔祭是在祭坛上焚烧柴木，用烟火气息告知天神，……古人认为这种气息能够上达天庭且为天神所乐于接受。用苍璧礼天，则是以青色玉器代表天空所呈现的颜色。④祭天当日，王戴上衮冕，即用珠琏作为装饰的帽饰，垂于面前，珠玉打磨如日月星辰的样式，用以象征天与天数。乘素车，即去掉所乘车辆上的装饰，以接近天本身至高、至极的特征。

——余琳：《〈诗经〉〈楚辞〉与礼俗》，暨南大学出版社，2017，第 27—28 页。

祭日月神

周代对日月神的祭祀，是国家祀典中天子亲祭的重要内容。固定的日月祭祀方式，有春分朝朝日、秋分暮夕月的正祭和正月郊天时作为天的从属神的配祭；此外还有因事举行的临时性祭祀。……《汉书·郊祀志上》载：武帝在甘泉太畤郊祀太一时，也“祭日以牛，祭月以羊彘特”。而且天子亲行的“朝朝日，夕夕月”的望拜礼，也是郊祀礼仪中一个重要的仪节。……据《续汉书·祭祀志上》载：洛阳南郊神兆的型制是坛外有壝，壝有重营，“日月在营内南道，日在东，月在西”。……除此之外，东汉复古，还有合朔祭日的礼仪：在每月朔日的前后各二日，皆需牵羊酒至社下以祭日。

——王柏中：《神灵世界秩序的构建与仪式的象征——两汉国家祭祀制度研究》，民族出版社，2005，第 165—167 页。

祭山川神

关于皇帝出行祭祀山川的礼仪，《汉祀令》中有颇为具体的规定：“天子行有所之，出河，沈用白马圭璧各一，衣以缯缇五尺，祠用脯二束，酒六升，盐一升。涉渭、灞、泾、洛他名水如此者，沈圭璧各一。律，在所给祠具；及行，沈祠他川水，先驱投石，少府给圭璧。不满百里者不沈。”章帝元和二年（85年）诏：“今山川鬼神应典礼者，尚未咸秩。其议增修群祀，以祈丰年。”……可见章帝在原有祀典的基础上，进一步扩大了对山川神灵的祭祀范围，同时相应地增加了奉祀礼秩。

——王柏中：《神灵世界秩序的构建与仪式的象征——两汉国家祭祀制度研究》，民族出版社，2005，第181—182页。

祭雷神

响雷的原因，汉代王充的解释是“雷电为天怒”，人如果有错，天将用雷惩罚。《礼记·月令》告诫人们，春天响雷之前三天，要摇大铃向老百姓发告示，告诉他们雷要发出声响了，……每当春雷初起，主妇扫房，使虫蛇听雷知惧怕，雷轰击过的树木放在屋子里可以驱邪。……人们在天旱求雨时，也向这位雷神祭祀。《春秋繁露·求雨》记载说：“春旱求雨，……其神共工，祭之以生鱼八，玄酒。”……宋朝人周去非所著《岭外代答》记载了当时壮族人祭雷神的情形：“广右敬事雷神，谓之天神，其祭曰祭天。……其祭之也，六畜必具，多至百牲。祭必三年。初年薄祭，中年稍丰，末年盛祭。每祭，则养牲三年而后克盛祭。其祭也极谨，虽同里巷，亦有惧心。一或不祭，而家中偶有疾病官事，则邻里亲戚共忧之，以为天神实为之灾。”从宋到新中国成立前，雷神的祭祀一直未绝。清朝末年，民间尚存有雷神庙，祭天地日月之时，也都要给雷神敬上一炷香，摆一份祭品。

——刘晔原、郑惠坚：《中国古代的祭祀》，商务印书馆国际有限公司，1996，第32—35页。

祭灶

本为古代“五祀”之一。汉代祀灶日在夏初。至晋代乃定于腊月二十四日，此后则普遍于二十三或二十四日送灶。……汉班固《白虎通》：“祭五祀，天子诸侯以牛，卿大夫以羊。一说户以羊，灶以雉……井以豚。”……宋孟元老《东京梦华录·十二月》：“二十四日交年，都人至夜请僧道看经，备酒果送神，烧合家替代钱纸，贴灶马于灶上。以酒糟涂抹灶门，谓之‘醉司命’。”宋吴自牧《梦粱录·十二月》：“二十四日，不以穷富，皆备蔬食饧豆祀灶。此日市间及街坊叫买五色米食、花果、胶牙饧、萁豆，叫声鼎沸。”清潘荣陛《京帝岁时纪胜·十二月·祀灶》："廿三日更尽时家家祀灶，院内立杆，悬挂天灯。祭品则羹汤灶饭、糖瓜糖饼，饲神马以香糟、炒豆、水盂。男子罗拜，说以遏恶扬善之词。妇女于内室，扫除炉灶，以净泥涂饰，谓曰挂袍，燃灯默拜。"

——钱玉林、黄丽丽主编《中华传统文化辞典》，上海大学出版社，2009，第279页。

祭土地神

二月二与土地崇拜紧密相连，全国各地的二月二基本都有祭祀土地神的仪式活动。……对土地神的崇拜可上溯自先秦时代。先秦时期，"国中之神，莫贵于社"，土地神地位崇高，被奉为国家主神，列入祀典，作为国家政权的象征。秦汉以后，社神日趋人鬼化、地方化和民间化，许多乡里贤达死后成为一方土地，管理本乡本土之事，具有佑护年成、管理雨晴、祛除灾患、治理幽冥、神判监督、生殖子嗣等多种职能。各地多设有土地庙，所供形象多为慈眉善目、白须白发的老头儿，有时旁边亦有配偶神，民间称为"土地奶奶"。由于祭社在劝农务本、修始报功、敦叙教义、整齐风俗等方面的重要作用，我国历代统治者都非常强调对社神的祭祀活动，不仅要求官方祭祀，要求基层社会组织里村也要祭祀，并形成了一年春秋两社的祭祀传统。唐宋以后，春社一般在春分后第五个戊日进行，秋社一般在秋分后第五个戊日进行，但至少从明朝开始，民间已有于二月二祭社的做法。这一做法在清朝和民国时期则更为普遍。

——张士闪主编《二月二》，光明日报出版社，2016，第41—42页。

祭井神

汉族民间祭祀风俗。流行于北方各地。古称"祀井"，系古代"五祀"之一。汉王充《论衡·祭意》云："五祀报门、户、井、灶、室中溜之功。门、户人所出入，井、灶人所饮食，中溜人所托处，五者功钧，故俱祀之。"……今甘肃河西走廊地区农家祭井神的仪式在每年夏历正月初一早晨举行。届时，当地民间各户担水桶，携香、表纸、馒头、油果子等物前往村头井旁祭井神，焚香、表，叩头毕，将馒头、油果子投入井中，打水时顺便捞出带回家中，全家分而食之，民间以为可禳灾病。

——叶大兵、乌丙安主编《中国风俗辞典》，上海辞书出版社，1990，第763页。

祭关帝

《关帝志·祀典》称："明嘉靖年间（1522～1566年），定京师祀典，每岁五月十三日遇关帝生辰，用牛一、羊一、猪一、果品五、帛一，遣太常官行礼。四孟及岁暮，遣官祭，国有大事则告。凡祭，先期题请遣官行礼。"……进入清代，祭祀关帝的规模进一步扩大，规格也更加提高。清世宗雍正三年（1725年），京师增加春秋二祭，变原来的一年一大祭为三大祭。越一年，由太常寺奏定，朝廷颁布祀仪如"中祀"制，五月十三日祭祀用牛、羊、猪各一头，果五盘、帛一匹；春秋二季的祀礼同文庙（祭祀孔子）一样，牛、羊、猪各一头，豆类十种，帛一匹。清代后期，祭祀关帝的典礼达到极盛。咸丰三年（1853年）将关帝正式列为"中祀"，祭关要"行礼三跪九叩，乐六奏，舞八佾，如帝王庙仪"。

——朱宁虹主编《宗教信仰》，中国物资出版社，2005，第103—104页。

祭药王

远古始祖圣王如伏羲、神农、黄帝，被奉为医药之祖神，……三位医神并称为"三皇"。元代祭三皇一年两次，春天三月三日，秋天九月九日，各州府县统一祭祀。明代嘉靖年间在太医院北建三皇庙，以华佗、扁鹊等28位历史上的名医作为"从祀"，一并享受香火。春秋两季，由礼部官员行礼，太医院官员献祭品，用猪羊祭祀。……民间供奉的药神有眼光娘娘、痘花娘娘等无来历的神灵。人们对医王药王的供奉倾其热情，在著名药材集散地，药王庙的香火最盛，享一方盛名的医生多被奉为神灵。在他们的诞辰日，常举办庙会，行医之人来庙会为祖师上香磕头，并举行义诊，药铺当日减价售药。

——刘晔原、郑惠坚：《中国古代的祭祀》，商务印书馆国际有限公司，1996，第149页。

祭太岁

亦称值岁大神、值岁神及太岁神。……太岁神后来逐渐衍变为职掌动土、兴造、方位、军旅、愆由、起宅、迁徙、婚嫁、生育、时序、风雨及五谷丰歉等禁忌运数的大神，是古代日月星辰等天体崇拜的具体表现。明代冯应京《月令广义》记载："太岁者，一岁之尊祖。凡吉事勿冲之，凶事勿犯之，凡修造方向等事尤宜慎避。又如生产，最忌向太岁方坐，又忌于太岁方倾秽水及埋衣胞之类。"

——吴竞龙：《中山崇信·多神探源》，广东人民出版社，2018，第43页。

祭龙王

纳西族祭龙王——亦称龙王会。纳西族民间祭祀节日。流行于云南丽江一带。农历三月廿八日举行，历五天。届时，人们会集城郊象山脚下黑龙潭边龙神祠，或就近井旁河畔，点灯烧香，供素斋祭龙王，祈求风调雨顺，人寿年丰。

——李耀宗编纂《中华节日名典》，陕西师范大学出版总社，2018，第175页。

祭门神

《荆楚岁时记》载:“夏历正月十五日，作豆糜，加油膏其上，以祠门户。”长江下游、江苏一带，祭门神时煮豆粥，加些油脂在上面，插上筷子。先用水杨枝插在门上，朝杨枝随风飘动所指的方向，以酒肉食品和豆粥祭祀。后世祭门神多在年节进行，张贴门神画，焚烧纸钱纸马拜祭。《京都风俗志》载十二月“中旬，人家换桃符、门神、钟馗、福禄天官、和合”。各类门神名目不一，祭法也不尽相同。

——潘鲁生主编《中国民间美术全集·祭祀编·神像卷》，山东教育出版社、山东友谊出版社，1993，第6页。

祭财神

每至春节前夕，许多年画铺、纸店，出售财神像，除夕日供奉，正月初二晨祭化，或去财神庙烧香祭拜。祭祀时，有些地区边祷告边口诵，诸如“招财童子至，利市仙官来，穷神永离去，富贵花常开”等诵词。诸安仁《营口杂记》载，“拜年者必先拜其影灯。影灯者，外画财神，内点蜡烛，有八尺余长者在中，左招财，右利市。”供奉名目有财神、文武财神、赐福财神，并配有招财、利市、和合二仙等，或有一女像坐于旁边的，称为财母。有些地区财神祭祀，除一般燃烛、点灯、烧香、献供盘、献牺牲外，还加献铜钱、纸钱、绫绢、布帛，及木刻龙凤纸马等。

——潘鲁生主编《中国民间美术全集·祭祀编·神像卷》，山东教育出版社、山东友谊出版社，1993，第6页。

祭喜神

春节大年初一迎喜神的习俗，流传至今。……长江流域各地，元旦拜神敬祖后，视历书今年喜神的方位，点燃灯笼，烧起火把，鸣响爆竹，开门出行，面对吉方跪拜，称为“出大方”或“出行”，以迎喜神。四川人称之为“出行”，上海人称为“兜喜神方”。人人朝着吉方走，走到一座香火旺盛的庙上，燃起香烛，礼拜菩萨。祈求神明保佑自己，一年吉祥。

——徐彻、陈泰云：《民间百神》，上海三联书店，2019，第71页。

祭桥神

农村在修桥前，要先拜祭桥神。旧时多先请道士作法，在建桥地段两边摆上八仙桌，供上三牲祭品，用牛拉着耕犁在东、西、南、北四个方向来回走一趟。道士烧神符，念咒语，乞求上天下界的神灵保佑修桥筑路顺利，子民平安。然后，将“纸元宝”撒向河沟，众人下拜三次，接着由村中年纪最大，识字最多的老者带头开锄动工。待桥修好后，村中秀才先发帖请外乡秀才过桥饮酒，吟诗作对。村中没有秀才的，就让识字最多的人出面去请。宾客到齐后，摆好八仙桌，放置三牲祭品，道士烧符念咒，告诉上天下界桥已修好，从此村人出入平安，丁财两旺。祷告后，道士捧着神牌，手拿符刀上桥，每个桥墩、桥栏及桥柱逐一拜过，再放三炮，然后在河两边开席饮酒。凡来饮酒者，均可分得剩余的酒菜。此后，每年以此日为祭桥日，各家各户自备水酒前去拜祭。摆放供品拜祭桥神才动工修桥的风俗在中山水乡至今仍在流传。

——吴竞龙：《中山崇信·多神探源》，广东人民出版社，2018，第41页。

祭树神

亦称树爷、树头公。树神起源于自然崇拜。……中山城乡各地，生长在街头巷尾、村中屋后的古树前，往往摆有香炉，拜祭者众多。树神保佑平安，化灾解祸，百姓多在古树之下建庙祭祀，庙称“树爷宫”。每遇灾祸，村民们即到树爷宫祭祀，并演大戏娱神。这些古树，不准攀折，不准砍伐，否则有灾祸降临。

——吴竞龙：《中山崇信·多神探源》，广东人民出版社，2018，第40页。

祭农神

早在西周时代，周成王就有籍田活动与祭祀农神，《诗·周颂·噫嘻》记载：“噫嘻成王，既昭假尔。率时农夫，播厥百谷。骏发尔私，终三十里。亦服尔耕，十千维耦。”此为以后历代继承，每年春耕之前，天子在籍田之中要行亲耕之礼，即《四库全书·礼书》卷二十九记载：“立坛于田，所祠之制度如社之坛。”到了西汉时代，皇帝籍田、官祀（太牢：羊、豕、牛，天子祭用九鼎，诸侯祭用七鼎）先农、民祀（少牢：羊、豕）农神，农神祭祀为以后历代所沿袭。

——任大援、李子林、张执均主编《炎帝神农与中华文化传承创新——学术研讨会论文集》，武汉出版社，2017，第36页。

祭石神

彝族民间祭祀风俗。……如弥勒、西山的彝族，逢夏历十月祭石神。该区攀枝花的彝族，以村边8大巨石作为石神的化身，杀牲祭祀，求石神保佑五谷丰收。昆明西山小河口村以路边的石狮作为石神，逢三十晚端饭、酒、菜祭献，求家人平安。该区螃蟹箐村彝族以村边的一座石壁（高数丈，形如刀削）作为石神，认为它能使人耳聪目锐，耳目患者争相到此叩头献鸡蛋；峨山太和村彝族每户在家中楼上供石头一块，称为“米金路”，经常祭献，以求石神保佑生育儿女。

——叶大兵、乌丙安主编《中国风俗辞典》，上海辞书出版社，1990，第763页。

祭田公田婆

亦称“祭田祖”，旧时汉族农业生产祭祀风俗。流行于江南地区。当地民间通常将丰收的希望寄托在土地公婆身上。一年祭拜多达4次：（1）在清明后，下谷种前，看历书择吉日，手拿一贴黄纸和8炷香，站在秧田下水缺口的田塍上，面向田畈作揖，祝祷田公田婆保佑苗秧壮大。祝毕，将黄纸和香插在田塍边，谓之“许愿”。（2）在开秧门前。碟中放片肉，供于田塍，人仍立田缺口，燃香祝祷田公田婆，保佑田禾快长大，谓之“尝甜头”。（3）在夏至日，摆酒肉饭菜祭品于田头，有的穿蓑戴笠去祭拜，并烧一把大麦秆，祷告说：“田公田婆保佑风调雨顺，无病无灾，来日丰收，再来重谢！”穿蓑戴笠象征“求雨”，烧大麦秆意为“驱虫”。（4）在开镰前，祭品丰盛，并摘两穗黄谷，插在两碗米饭上，以报答田公田婆保佑之恩，谓之“还愿”。

——叶大兵、乌丙安主编《中国风俗辞典》，上海辞书出版社，1990，第547页。

祭马神

最早记载祭祀马神的《周礼·夏官·校人》说，周人“春祭马祖，夏祭先牧，秋祭马社，冬祭马步”。……《京都风俗志》记载说：“六月二十三日祭马王，京中畜养骡马之人、馆家及机关皆举行之。马王纸像在纸店请到后供于桌、台，前列钱粮、蜡烛、香炉、水果、鸡、鱼、羊头之类。……神祃上写‘水草马明王神位’，神像之下绘一供桌，桌前绘一小马，并供清水一碗，净草一小斗，以示专诚供此马王。每届此时，极为热闹。”

——王兆祥等：《中国神仙传》，山西古籍出版社，1995，第286—287页。

图录

三皇图
长 520mm
宽 390mm
纸
山东
第 32 页

山西神轴
长 1000mm
宽 650mm
纸
山西
第 33 页

山西神轴
长 1000mm
宽 650mm
纸
山西
第 36 页

家堂
长 2100mm
宽 1160mm
纸
山东
第 38 页

三代宗亲
长 540mm
宽 490mm
纸
河北
第 42 页

三代宗亲
长 540mm
宽 490mm
纸
河北
第 43 页

三代宗亲
长 540mm
宽 490mm
纸
山东
第 44 页

三代宗亲
长 540mm
宽 490mm
纸
山东
第 45 页

余氏族谱
长 190mm
宽 170mm
纸
安徽
第 46 页

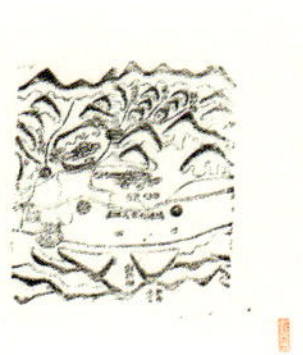
余氏族谱
长 190mm
宽 170mm
纸
安徽
第 46 页

余氏族谱
长 190mm
宽 170mm
纸
安徽
第 46 页

余氏族谱
长 190mm
宽 170mm
纸
安徽
第 47 页

余氏族谱
长 190mm
宽 170mm
纸
安徽
第 48 页

余氏族谱
长 190mm
宽 170mm
纸
安徽
第 48 页

余氏族谱
长 190mm
宽 170mm
纸
安徽
第 48 页

廿一世祖牌位
长 385mm
宽 290mm
木
河南
第 49 页

木质神主牌
长 85mm
宽 42mm
高 230mm
木
山西
第 50 页

木质神主牌
长 82mm
宽 60mm
高 230mm
木
山西
第 51 页

释迦牟尼
长 330mm
宽 260mm
高 570mm
泥
山东
第 52 页

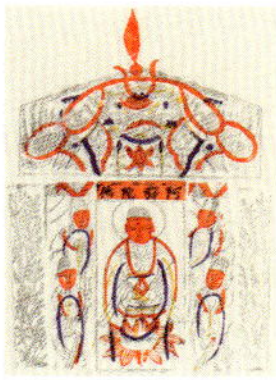
阿弥陀佛
长 400mm
宽 550mm
纸
江苏
第 53 页

弥勒
长 220mm
宽 150mm
高 330mm
木
山东
第 54 页

擦擦
长 75mm
宽 15mm
高 80mm
泥
青海
第 56 页

藏族大黑天唐卡佛像
长 1230mm
宽 1030mm
布本设色
西藏
第 58 页

藏族唐卡佛像
长 1110mm
宽 840mm
布本设色
西藏
第 59 页

观音菩萨
长 100mm
宽 55mm
高 145mm
泥
山东
第 60 页

观音菩萨
长 130mm
宽 70mm
高 330mm
木
河南
第 61 页

观音菩萨
长 330mm
宽 240mm
高 630mm
泥
河南
第 62 页

普贤菩萨
长 143mm
宽 20mm
高 86mm
木
安徽
第 64 页

地藏菩萨
长 130mm
宽 70mm
高 330mm
木
安徽
第 65 页

菩萨
长 140mm
宽 90mm
高 270mm
木
山东
第 66 页

木雕贴金神像
长 135mm
宽 100mm
高 320mm
木
山东
第 68 页

韦驮
长 360mm
宽 200mm
纸
江苏
第 70 页

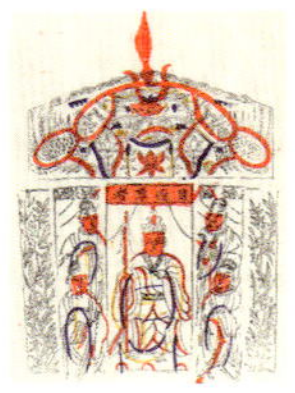
目连尊者
长 550mm
宽 400mm
纸
江苏
第 71 页

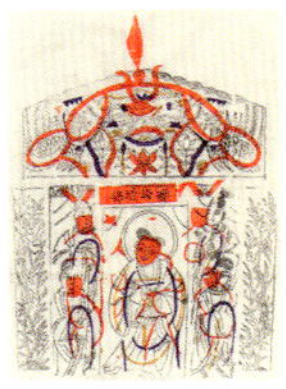
济公
长 550mm
宽 400mm
纸
江苏
第 72 页

太上老君
长 600mm
宽 500mm
纸
山东
第 73 页

总坛神画
长 1000mm
宽 500mm
纸
广西
第 74 页

玉皇大帝
长 450mm
宽 340mm
高 610mm
泥
山东
第 78 页

紫微高照
长 1330mm
宽 600mm
纸
四川
第 80 页

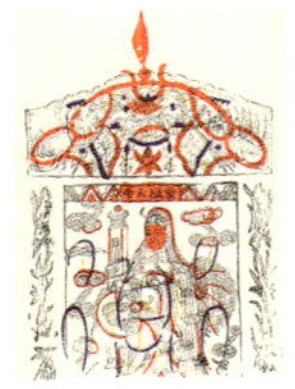
紫微大帝
长 550mm
宽 400mm
纸
江苏
第 81 页

日宫
长 360mm
宽 200mm
纸
江苏
第 81 页

日宫
长 175mm
宽 145mm
纸
云南
第 82 页

月光广寒宫
长 150mm
宽 150mm
纸
云南
第 83 页

火德星君
长 135mm
宽 125mm
纸
云南
第 84 页

四方神
长 155mm
宽 135mm
纸
云南
第 85 页

青龙孟章神君
长 370mm
宽 300mm
高 1110mm
泥
山东
第 86 页

白虎监兵神君
长 260mm
宽 220mm
高 1000mm
泥
山东
第 88 页

真武大帝
长 600mm
宽 500mm
纸
山东
第 89 页

真武大帝
长 160mm
宽 160mm
高 300mm
木
山东
第 90 页

北斗七星君
长 360mm
宽 200mm
纸
江苏
第 92 页

南斗六星君
长 360mm
宽 200mm
纸
江苏
第 93 页

三官堂
长 340mm
宽 200mm
纸
四川
第 94 页

天官赐福
长 430mm
宽 270mm
纸
山东
第 95 页

雷神
长 360mm
宽 200mm
纸
江苏
第 96 页

雷神
长 280mm
宽 190mm
纸
云南
第 97 页

电母
长 360mm
宽 200mm
纸
江苏
第 98 页

雨师
长 360mm
宽 200mm
纸
江苏
第 99 页

黑白无常
长 600mm
宽 500mm
纸
山东
第 100 页

祝融神君
长 490mm
宽 470mm
纸
山东
第 101 页

火神
长 200mm
宽 145mm
纸
云南
第 102 页

火神
长 185mm
宽 120mm
纸
河北
第 102 页

碧霞元君
长 600mm
宽 450mm
纸
山东
第 103 页

碧霞元君
长 400mm
宽 310mm
高 600mm
泥
山东
第 104 页

关圣帝君
长 470mm
宽 340mm
高 620mm
泥
山东
第 106 页

关圣帝君牌位
长 330mm
宽 125mm
高 560mm
木
河南
第 108 页

关圣帝君
长 1330mm
宽 600mm
纸
四川
第 109 页

关圣帝君
长 1060mm
宽 760mm
纸
江苏
第 109 页

文昌帝君
长 80mm
宽 40mm
高 195mm
木
安徽
第 110 页

文昌帝君
长 270mm
宽 230mm
纸
山西
第 112 页

岳圣帝君
长 660mm
宽 440mm
纸
四川
第 113 页

岳圣帝君
长 230mm
宽 230mm
高 430mm
木
山西
第 114 页

托塔李天王
长 240mm
宽 150mm
高 90mm
泥
山东
第 116 页

武财神赵公明
长 110mm
宽 90mm
高 230mm
木
安徽
第 118 页

武财神赵公明
长 450mm
宽 340mm
高 640mm
泥
山东
第 120 页

武财神赵公明
长 95mm
宽 95mm
高 280mm
木
山东
第 123 页

武财神赵公明
长 710mm
宽 410mm
纸
湖北
第 123 页

武财神赵公明
长 200mm
宽 360mm
纸
江苏
第 123 页

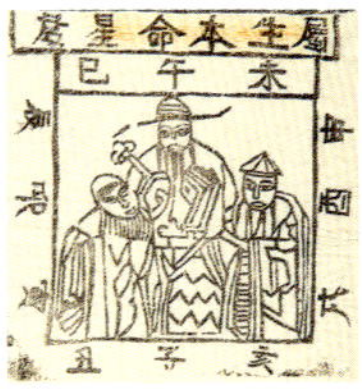

本命星君
长 160mm
宽 155mm
纸
云南
第 124 页

值年太岁
长 155mm
宽 135mm
纸
云南
第 125 页

王灵官
长 440mm
宽 360mm
高 600mm
泥
山东
第 126 页

上八仙・老子天尊
长 390mm
宽 315mm
纸
山东
第 128 页

上八仙・南极星
长 390mm
宽 315mm
纸
山东
第 128 页

上八仙・孙悟空
长 390mm
宽 315mm
纸
山东
第 128 页

上八仙・姜子牙
长 390mm
宽 315mm
纸
山东
第 128 页

上八仙・广成子
长 390mm
宽 315mm
纸
山东
第 128 页

上八仙・杨二郎
长 390mm
宽 315mm
纸
山东
第 128 页

上八仙・孙膑
长 390mm
宽 315mm
纸
山东
第 128 页

上八仙・哪吒
长 390mm
宽 315mm
纸
山东
第 128 页

八仙
长 310mm
宽 230mm
纸
山东
第 130 页

八仙・吕洞宾 钟离权
长 460mm
宽 345mm
纸
山西
第 131 页

八仙・何仙姑 张果老
长 460mm
宽 345mm
纸
山西
第 131 页

八仙・铁拐李 韩湘子
长 460mm
宽 345mm
纸
山西
第 131 页

八仙・曹国舅 蓝采和
长 460mm
宽 345mm
纸
山西
第 131 页

东岳大帝
长 360mm
宽 200mm
纸
江苏
第 132 页

石将军
长 360mm
宽 200mm
纸
江苏
第 133 页

城隍
长 620mm
宽 380mm
纸
广东
第 134 页

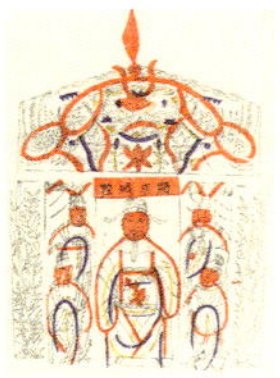

显应城隍
长 550mm
宽 400mm
纸
江苏
第 135 页

土地神
长 600mm
宽 500mm
纸
山东
第 136 页

土地神
长 320mm
宽 240mm
纸
陕西
第 137 页

土地神
长 260mm
宽 180mm
纸
陕西
第 137 页

土地神
长 270mm
宽 190mm
纸
山西
第 138 页

土地神
长 180mm
宽 95mm
纸
河北
第 138 页

龙王
长 460mm
宽 330mm
高 580mm
泥
山东
第 139 页

天地君亲师位
长 120mm
宽 220mm
高 430mm
木
湖南
第 142 页

天地君亲师位
长 220mm
宽 120mm
高 500mm
木
山东
第 143 页

万代师表
长 1390mm
宽 695mm
纸
山东
第 144 页

保家神
长 910mm
宽 480mm
纸
山东
第 146 页

天地三界十方万灵真宰牌位
长 290mm
宽 140mm
高 700mm
木
山西
第 148 页

天地全神
长 540mm
宽 350mm
纸
山东
第 150 页

天地三界十方万灵真宰
长 270mm
宽 190mm
纸
山西
第 150 页

天地三界十方万灵真宰
长 460mm
宽 345mm
纸
山东
第 150 页

灶神
长 540mm
宽 340mm
纸
山东
第 151 页

善火福水
长 270mm
宽 210mm
纸
山西
第 152 页

灶神
长 590mm
宽 460mm
纸
湖北
第 152 页

灶神
长 270mm
宽 200mm
纸
山西
第 152 页

吉星高照
长 470mm
宽 300mm
纸
山东
第 153 页

三星图
长 600mm
宽 520mm
纸
山东
第 154 页

麻姑献寿
长 1330mm
宽 600mm
纸
四川
第 154 页

喜神
长 280mm
宽 190mm
纸
云南
第 155 页

喜神
长 140mm
宽 90mm
纸
山西
第 156 页

文财神
长 450mm
宽 350mm
高 630mm
泥
山东
第 157 页

五路大神
长 378mm
宽 225mm
纸
江苏
第 159 页

万宝来临
长 660mm
宽 400mm
纸
四川
第 160 页

增福财神
长 430mm
宽 330mm
纸
河北
第 160 页

财神进门
长 530mm
宽 320mm
纸
山东
第 160 页

刘海戏金蟾
长 480mm
宽 310mm
纸
山东
第 161 页

招财・利市
长 550mm
宽 210mm
纸
江苏
第 162 页

招财・利市
长 550mm
宽 210mm
纸
江苏
第 162 页

送子娘娘
长 600mm
宽 500mm
纸
山东
第 163 页

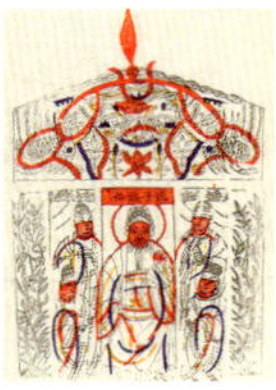
送子张仙
长 550mm
宽 400mm
纸
江苏
第 164 页

和合二仙
长 550mm
宽 310mm
纸
江苏
第 165 页

和合二仙
长 550mm
宽 310mm
纸
江苏
第 165 页

和合二仙
长 400mm
宽 310mm
纸
湖北
第 166 页

和合二仙
长 135mm
宽 100mm
纸
云南
第 166 页

床公床母
长 135mm
宽 130mm
纸
云南
第 167 页

小海幡
长 1000mm
宽 480mm
纸
广西
第 168 页

本主神
长 140mm
宽 130mm
纸
云南
第 170 页

本主神
长 190mm
宽 200mm
高 390mm
木
福建
第 171 页

药王牌位
长 285mm
宽 105mm
高 425mm
木
山东
第 174 页

药王
长 260mm
高 230mm
纸
山西
第 175 页

鲁班
长 360mm
宽 200mm
纸
江苏
第 176 页

鲁班
长 185mm
宽 120mm
纸
河北
第 177 页

张鲁二班
长 150mm
宽 130mm
纸
云南
第 177 页

打猎将军
长 155mm
宽 135mm
纸
云南
第 178 页

神荼郁垒门神
长 530mm
宽 360mm
纸
山东
第 179 页

神荼郁垒门神
长 530mm
宽 360mm
纸
山东
第 179 页

将帅门神
长 520mm
宽 380mm
纸
湖南
第 180 页

秦琼敬德门神
长 600mm
宽 420mm
纸
陕西
第 180 页

钟馗
长 510mm
宽 330mm
纸
湖北
第 181 页

钟馗
长 700mm
宽 420mm
纸
陕西
第 182 页

钟馗
长 1060mm
宽 760m
纸
江苏
第 182 页

钟馗
长 1330mm
宽 600mm
纸
四川
第 182 页

瘟司圣众
长 125mm
宽 125mm
纸
云南
第 183 页

五瘟使者
长 260mm
宽 230mm
纸
山西
第 184 页

井神
长 240mm
宽 180mm
纸
陕西
第 185 页

井神
长 185mm
宽 100mm
纸
河北
第 186 页

井神
长 280mm
宽 190mm
纸
云南
第 186 页

水草牛马王
长 250mm
宽 190mm
纸
河北
第 187 页

马王神
长 250mm
宽 160mm
纸
山西
第 188 页

马王神
长 240mm
宽 180mm
纸
山西
第 188 页

牛马增盛
长 360mm
宽 260mm
纸
山西
第 188 页

桥神路神
长 140mm
宽 130mm
纸
云南
第 189 页

田公地母
长 360mm
宽 200mm
纸
江苏
第 190 页

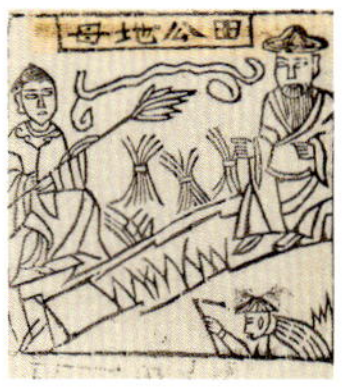

田公地母
长 150mm
宽 130mm
纸
云南
第 191 页

田苗神
长 185mm
宽 95mm
纸
河北
第 192 页

山神
长 280mm
宽 190mm
纸
云南
第 193 页

水神
长 280mm
宽 190mm
纸
云南
第 194 页

虫神
长 280mm
宽 190mm
纸
云南
第 195 页

风马纸
长 55mm
宽 55mm
纸
青海
第 196 页

木质神龛
长 750mm
宽 450mm
高 840mm
木
山东
第 198 页

雕花神龛
长 550mm
宽 320mm
高 700mm
木
山东
第 200 页

瑞兽雕花神龛
长 365mm
宽 225mm
高 390mm
木
山东
第 203 页

水花纹神龛
长 550mm
宽 190mm
高 480mm
木
山东
第 204 页

佛龛
长 780mm
宽 225mm
高 1130mm
木
山东
第 206 页

木质神龛
长 560mm
宽 250mm
高 800mm
木
山东
第 208 页

“卍”字纹神龛
长 300mm
宽 120mm
高 320mm
木
山东
第 210 页

龙纹龛祥云纹牌位
长 180mm
宽 120mm
高 400mm
木
山西
第 212 页

寿纹神龛
长 320mm
宽 140mm
高 360mm
木
河南
第 214 页

陶香炉
长 270mm
宽 135mm
高 175mm
陶
山东
第 216 页

香炉
长 170mm
宽 100mm
高 150mm
陶
山东
第 220 页

香炉
长 160mm
宽 100mm
高 125mm
陶
山东
第 221 页

鬲式炉
直径 105mm
高 90mm
陶
山东
第 222 页

壁香炉
长 115mm
宽 40mm
高 125mm
陶
山东
第 223 页

木质双耳香炉
长 310mm
宽 100mm
高 270mm
木
山东
第 224 页

木质双耳香炉
长 470mm
宽 100mm
高 370mm
木
山东
第 226 页

木质双耳“福”字纹香炉
长 460mm
宽 120mm
高 365mm
木
山东
第 227 页

立耳四足绿釉木质香炉
长 100mm
宽 100mm
高 170mm
木
山东
第 228 页

木质鼎式炉
长 110mm
宽 110mm
高 100mm
木
河南
第 230 页

鼎式炉
长 120mm
宽 100mm
高 100mm
陶
河南
第 231 页

香炉
长 140mm
宽 60mm
高 130mm
石
山东
第 232 页

双耳三足锡制香炉
长 370mm
宽 140mm
高 310mm
锡
山东
第 233 页

香炉
长 90mm
宽 90mm
高 80mm
铁
山西
第 235 页

青花纹香筒
长 105mm
宽 120mm
高 280mm
瓷
山东
第 236 页

盘龙纹烛插
直径 45mm
高 250mm
木
山东
第 238 页

香筒
直径 90mm
高 240mm
木
山东
第 240 页

烛台
长 110mm
宽 50mm
高 100mm
陶
山东
第 242 页

供狮烛台
长 400mm
宽 150mm
高 140mm
纸
山东
第 243 页

供狮烛台
长 450mm
宽 200mm
高 270mm
纸
山东
第 244 页

牌坊相糖模具
长 170mm
宽 50mm
高 220mm
木
山东
第 246 页

牌坊相糖
长 165mm
宽 45mm
高 215mm
糖
山东
第 246 页

宝塔相糖模具
直径 126mm
高 425mm
木
山东
第 247 页

丞相相糖模具
长 100mm
宽 50mm
高 220mm
木
山东
第 249 页

丞相相糖
长 97mm
宽 45mm
高 215mm
糖
山东
第 249 页

宝塔相糖
直径 60mm
高 280mm
糖
山东
第 249 页

丞相相糖
长 97mm
宽 45mm
高 215mm
糖
山东
第 250 页

狮子相糖模具
长 200mm
宽 75mm
高 258mm
木
山东
第 251 页

狮子相糖模具
长 97mm
宽 60mm
高 254mm
木
山东
第 252 页

狮子相糖
长 95mm
宽 55mm
高 250mm
糖
山东
第 252 页

冥柱相糖模具
直径 59mm
高 240mm
木
山东
第 253 页

冥柱相糖
直径 54mm
高 235mm
糖
山东
第 253 页

冥柱相糖
直径 54mm
高 250mm
糖
山东
第 254 页

八仙寿桃相糖模具
直径 118mm
高 165mm
木
山东
第 255 页

寿星相糖模具
长 118mm
宽 51mm
高 141mm
木
山东
第 256 页

寿仙相糖模具
长 130mm
宽 71mm
高 295mm
木
山东
第 257 页

福寿双全相糖模具
直径 60mm
高 150mm
木
山东
第 258 页

八仙寿兆相糖模
直径 200mm
高 230mm
木
山东
第 260 页

钟离权神像相糖模具
长 166mm
宽 72mm
高 365mm
木
山东
第 261 页

石榴相糖模具
直径 115mm
高 180mm
木
山东
第 262 页

动物相糖模具
长 220mm
宽 75mm
高 258mm
木
山东
第 263 页

动物相糖模具
长 234mm
宽 84mm
高 255mm
木
山东
第 264 页

动物相糖模具
长 232mm
宽 79mm
高 272mm
木
山东
第 265 页

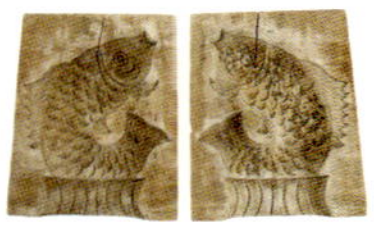

动物相糖模具
长 207mm
宽 85mm
高 254mm
木
山东
第 266 页

十二生肖相糖模具
长 95mm
宽 65mm
高 220mm
木
山东
第 267 页

十二生肖相糖模具
长 97mm
宽 70mm
高 200mm
木
山东
第 268 页

十二生肖相糖模具
长 85mm
宽 52mm
高 218mm
木
山东
第 268 页

十二生肖相糖模具
长 95mm
宽 65mm
高 220mm
木
山东
第 269 页

参考文献

［1］山海经［M］．郭璞，注．毕沅，校．上海：上海古籍出版社，1989.

［2］礼记［M］．陈澔，注．金晓东，校点．上海：上海古籍出版社，2016.

［3］《十三经注疏》整理委员会．礼记正义［M］．北京：北京大学出版社，2000.

［4］司马迁．史记［M］．甘宏伟，江俊伟，注．武汉：崇文书局，2010.

［5］班固．汉书［M］．西安：太白文艺出版社，2006.

［6］许慎．说文解字［M］．北京：中华书局，1963.

［7］许慎．说文解字注［M］．段玉裁，注．许惟贤，整理．南京：凤凰出版社，2007.

［8］葛洪．抱朴子［M］．上海：上海书店，1986.

［9］欧阳询．艺文类聚：卷一［M］．上海：上海古籍出版社，1965

［10］杜佑．通典［M］．北京：中华书局，1988.

［11］唐胄．琼台志：卷一五：学校．天一阁明代方志选刊本．

［12］李时珍．本草纲目：金陵本：拾肆［M］．北京：中国医药科技出版社，2016.

［13］陈杉，黄诗惠，伍妍．清代江华瑶族神像画中大小海幡的图像研究［J］．装饰，2017（11）．

［14］崔洁.图像与信仰：祖先信仰习俗中的潍坊家堂图像研究［D］．北京：中国艺术研究院，2015［2020-12-21］．

［15］冯骥才，中国民间文艺家协会．中国民间文化遗产抢救工程档案 2001—2011：文献卷贰［M］．银川：宁夏人民教育出版社，2015.

［16］冯骥才．中国木版年画集成：凤翔卷［M］．北京：中华书局，2010.

［17］冯骥才．中国木版年画集成：内丘神码卷［M］．北京：中华书局，2009.

［18］高纪洋．山东高密扑灰年画：吕蓁立［M］．深圳：海天出版社．2017.

［19］顾颉刚．古史辨自序：上册［M］．北京：商务印书馆，2017.

［20］郭华瑜．中国古典建筑形制源流［M］．武汉：湖北教育出版社，2015.

［21］国家民委《民族问题五种丛书》编辑委员会，《中国民族问题资料·档案集成》编辑委员会．中国民族问题资料：档案集成：第 4 辑［M］．中央民族大学出版社，2005.

［22］赖荣伟．陶瓷工艺雕塑［M］．沈阳：辽宁美术出版社，2017.

［23］赖荣伟．陶瓷工艺雕塑与实训［M］．沈阳：辽宁美术出版社，2015.

［24］李建红．外八庙探微［M］．北京：中国戏剧出版社，2013.

［25］李耀宗．中华节日名典［M］．西安：陕西师范大学出版总社，2018.

［26］李媛．塑像与木主：明朝祭孔形象的变迁及其原因［J］．史学月刊，2011（8）．

［27］刘晔原，郑惠坚．中国古代的祭祀［M］．北京：商务印书馆国际有限公司，1996.

［28］罗榕华，王柳儿．沙县游艺技艺［M］．厦门：厦门大学出版社，2017.

［29］罗杨．中国民间故事丛书：山东枣庄：台儿庄卷［M］．北京：知识产权出版社，2016.

［30］马书田．中国民间诸神［M］．北京：团结出版社，1997.

［31］潘鲁生．中国民间美术全集：祭祀编：供品卷［M］．济南：山东教育出版社，1993.

［32］潘鲁生．中国民间美术全集：祭祀编：神像卷［M］．济南：山东教育出版社，1993.

［33］潘鲁生．中国民艺馆：年画雕版［M］．济南：山东教育出版社，2020.

［34］钱玉林，黄丽丽．中华传统文化辞典［M］．上海：上海大学出版社，2009.

［35］邱芬．中国俗神［M］．合肥：黄山书社，2012.

［36］屈波．一花一世界：藏传佛教擦擦艺术内涵探赜［J］．宗教学研究，2011（2）．

［37］任大援，李子林，张执均．炎帝神农与中华文化传承创新：学术研讨会论文集［C］．武汉：武汉出版社，2017.

［38］石朝江．伏羲被尊为“三皇之首”应为信史［J］．贵州社会科学，2015（2）．

［39］宋立达，杜玉春．映像鬼神：图说中国传统神秘文化［M］．北京：金城出版社，2007.

［40］汤兆基．中国传统工艺全集：雕塑［M］．郑州：大象出版社，2005.

［41］汤兆基．中国手工艺：雕塑［M］．郑州：大象出版社，2019.

［42］唐家路，王拓．饮食器用［M］．北京：中国社会出版社，2010.

［43］田梓榆．十四世纪前中国古代香具典型器研究［D］．杭州：中国美术学院，2018［2021-03-10］．

［44］王柏中．神灵世界秩序的构建与仪式的象征：两汉国家祭祀制度研究［M］．北京：民族出版社，2005.

［45］王海霞．中国古版年画珍本：山东卷：下［M］．武汉：湖北美术出版社，2015.

［46］王树村，王海霞．年画［M］．北京：文化艺术出版社，2012.

［47］王树村．中国民间画诀［M］．上海：上海人民美术出版社，1982.

［48］王巍．中国考古学大辞典［M］．上海：上海辞书出版社，2014.

［49］王昕．藏传佛像鉴赏与收藏［M］．长沙：湖南美术出版社，2010.

［50］王兆祥等．中国神仙传［M］．太原：山西古籍出版社，1995.

［51］王兆祥等．中国神仙传［M］．太原：山西人民出版社，1992.
［52］乌丙安．中国民间神谱［M］．沈阳：辽宁人民出版社，2007.
［53］乌丙安．中国民俗学［M］．沈阳：辽宁大学出版社，1985.
［54］吴竞龙．中山崇信：多神探源［M］．广州：广东人民出版社，2018.
［55］吴绿星．中国一百神仙［M］．北京：中国青年出版社，2013.
［56］吴虞．吴虞文录［M］．合肥：黄山书社，2008.
［57］夏征农，陈至立．大辞海：美术卷［M］．上海：上海辞书出版社，2012.
［58］夏征农，陈至立．大辞海：民族卷［M］．上海：上海辞书出版社，2012.
［59］徐彻，陈泰云．民间百神［M］．上海：上海三联书店，2019.
［60］徐彻，李焱．道界百仙［M］．上海：上海三联书店，2019.
［61］徐雪辉，单天罡．节日民俗事象与文学书写［M］．济南：山东大学出版社，2014.
［62］许地山．道教史［M］．北京：中国画报出版社，2013.
［63］杨亮才．中国民间文艺辞典［M］．兰州：甘肃人民出版社，1989.
［64］要文瑾．湖南隆回花瑶挑花：奉雪妹［M］．深圳：海天出版社，2017.
［65］叶大兵，乌丙安．中国风俗辞典［M］．上海：上海辞书出版社，1990.
［66］佚名．绘图三教源流搜神大全［M］．上海：上海古籍出版社，2012.
［67］余琳．《诗经》《楚辞》与礼俗［M］．广州：暨南大学出版社，2017.
［68］张道一．纸马：心灵的慰藉［M］．济南：山东教育出版社，2018.
［69］张道一．中国民间美术辞典［M］．南京：江苏美术出版社，2001.
［70］张道一．中国拓印画通览：上册［M］．南京：东南大学出版社，2016.
［71］张士闪．二月二［M］．北京：光明日报出版社，2016.
［72］张闻捷．楚国青铜礼器制度研究［M］．厦门：厦门大学出版社，2015.
［73］章人英．华夏文明圣火薪传：第三卷［M］．上海：上海三联书店，2015.
［74］赵匡为．简明宗教辞典［M］．上海：上海辞书出版社，2006.
［75］赵宪章，朱存明．美术考古与艺术美学［M］．上海：上海大学出版社，2008.
［76］《中国民间故事集成・安徽卷》编辑委员会．中国民间故事集成：安徽卷［M］．北京：中国 ISBN 中心，2008.

[77] 《中国民间故事集成·河南卷》编辑委员会．中国民间故事集成：河南卷［M］．北京：中国 ISBN 中心，2001.

[78] 《中国民间故事集成·湖北卷》编辑委员会．中国民间故事集成：湖北卷［M］．北京：中国 ISBN 中心，1999.

[79] 《中国民间故事集成·山东卷》编辑委员会．中国民间故事集成：山东卷［M］．北京：中国 ISBN 中心，2007.

[80] 朱宁虹．宗教信仰［M］．北京：中国物资出版社，2005.

[81] 宗力，刘群．中国民间诸神［M］．石家庄：河北人民出版社，1986.

[82] 葛兰言．中国人的信仰［M］．汪润，译．哈尔滨：哈尔滨出版社，2012.